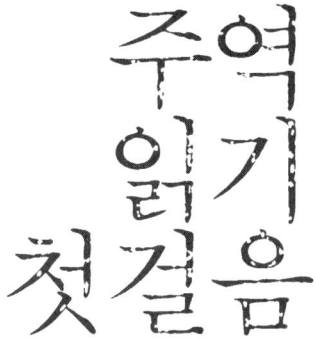

주역 읽기 첫걸음

김진희 지음

보고사

머리말

주역은 본래 점치는 책이었다. 점이라고 하면 미신적 행위라고 생각하는 사람이 있겠지만 주역에서 말하는 점은 그렇지 않다. 아주 옛날에는 오늘날처럼 과학이 발전하지 않았으므로 천지자연의 위력과 신비함이 인류에게 미치는 영향은 절대적이었다. 그러나 인류는 자연의 위력에 대응하여 삶을 헤쳐 나왔다. 그러는 동안에 자연의 신비는 하나둘씩 벗겨지고 그것이 축적되어 천지자연이 돌아가는 이치가 드러나게 되었다. 고대인들은 이렇게 조금씩 들어난 자연법칙을 통해 인간이 닥친 현실적 문제에 대처하는 것은 물론 앞으로의 일에 대해 예측하고 대비하고자 했다. 즉 주역에 의한 점은 바로 자연법칙을 토대로 미래를 예측하는 일을 말하는 것이다. 이것은 공자가 『역경』을 해설하기 위해 지었다는 「계사전繫辭傳」이라는 책에서 "(우주만물이 돌아가는) 수數를 확실히 알고, (이를 근거로) 앞으로 닥칠 일을 아는 것이 점이다.(極數知來之謂占)"라고 하는 대목에서 확연히 드러나고 있다.

이처럼 주역은 천지자연의 운행법칙을 바탕으로 인류의 삶의 문제에 대한 해답을 구하고자 하는 목적으로 지어진 것이다. 여기서 우리는 주역이라는 책에 이미 천지자연의 운행이치가 담겨 있음을 알 수 있다. 그리고 사람은 천지의 운행 이치에 따라 살아야 한다는 사실도 확인할 수 있다. 하늘의 도를 따르는 자는 흥하고, 거역하는 자는 망한다는 말이 바로 여기에 근거한 것이다. 그러므로 주역을 이해하고 주역의 이치를 따라 살아간다면 곧 올바른 삶을 이루게 될 것이다.

그런데 사람은 알게 모르게 상당부분 자연의 법칙에 따라 살고 있다. 만물은 태어나면 존속기간의 길고 짧음이 있을지언정 무한히 존재하기는 어렵다. 마찬가지로 사람도 태어나면 죽게 마련이다. 천지만물이 서로 상생하는 것처럼 사람도 혼자는 살지 못하고 가족, 친척, 주위 사람들과 더불어 살아가야 한다. 그러나 또 여러 면에서 자연의 법칙을 어기고 사는 사람도 적지 않다. 이들은 스스로는 물론 주위 사람들에게 불행을 가져다주게 마련이다. 사람들이 이렇게 자연법칙을 어기면서 화를 자초하는 것은 천지자연의 법칙을 이해하지 못하기 때문이다. 이 때문에 예로부터로 성현과 석학들이 자연의 법칙을 바탕으로 사람이 사람답게 사는 문제를 고민하고 그 해답을 제시하는 노력을 게을리 하지 않은 것이다.

주역에서 올바른 인간 삶의 문제를 논하는 학문이 바로 '의리역학 義理易學'이다. 주역이 점치는 책이라고 해서 자연의 이치를 따라 사람답게 살려는 의지와 노력도 없이 행복한 삶을 구하고자 요행을 바라고 신에게 점을 친다면 이것이야말로 천리를 어기는 미신적 행위가 될 것이다. 이런 이유로 우리는 주역에 대한 공부가 필요한 것이다. 즉 천지자연의 이치를 알고 거기에 맞춰서 지혜롭게 산다면 모든 사람과 천지만물이 더불어 축복을 받을 것이기 때문이다.

그런데 주역이란 책은 우리글이 아닌 한문으로 기록됐을 뿐 아니라 생소한 개념이 많아서 읽기가 쉽지 않다. 그래서 필자는 보다 많은 사람이 주역을 이해하고 실생활에 활용할 수 있는 계기를 마련해보고자 부족하지만 이 책을 쓰게 됐다.

　책의 편제는 먼저 기본적 단어와 개념 등을 설명하는 「기초편」과 주역의 원리 즉 자연의 운행법칙에 관해 설명하는 「원론편」, 끝으로 독자 스스로 주역점을 쳐 보고, 주역을 읽고 이해하는 데 도움이 되도록 예습을 해보는 「실전편」으로 나누어 구성했다. 책의 내용은 초보자가 주역공부를 시작하는데 아주 기본적인 것들을 다루었을 뿐이다. 그래서 이 책을 읽고 좀 더 진도를 나아가고자 하는 독자를 위해 주요 내용의 출전을 주석으로 처리하고, 참고서적도 말미에 제시했다.

　필자 스스로 주역공부를 하면서 어려웠던 점을 고려하여 이런 정도의 길잡이라도 있었으면 좋겠다는 생각에 집필을 했지만 부끄러운 면이 적지 않음을 알고 있다. 독자 여러분의 너그러운 이해와 질책을 진심으로 부탁드리는 바이다.

2012년 3월
김진희 씀

차례

머리말 · 3

기초편

주역周易의 뜻 ··· 19

1. 역易의 의미 ··· 19
2. 『역경易經』과 『역전易傳』 ·· 20
   1) '경經'과 '전傳'의 차이 ·· 20
   2) 『역경』 ·· 21
   3) 『역전』 ·· 24
   4) 역학易學 ··· 26
   5) 『주역』 ·· 27
   6) 역易의 세 가지 의미—삼역三易 ··· 27

태극太極·양의兩儀·사상四象·팔괘八卦 ······································· 29

1. 양효陽爻와 음효陰爻 ·· 29
2. 태극·양의·사상 ·· 30
   1) 태극 ··· 30
   2) 양의 ··· 31
   3) 사상 ··· 32
3. 팔괘와 괘상卦象 ·· 33

64괘와 상경上經·하경下經 ·· 37

   1. 64괘와 내괘內卦·외괘外卦 ·· 37

   2. 효爻의 자리(효위爻位)와 명칭 ·· 37

   3. 상경과 하경 ·· 38

복서卜筮와 길흉吉凶 ·· 42

   1. 복卜과 서筮의 차이 ·· 42

   2. 길吉·흉凶·회悔·인吝·무구无咎 ·· 44

   3. 원元·형亨·이利·정貞 ·· 45

   4. 동動·정靜 ·· 47

본괘本卦·변괘變卦·호괘互卦·

도전괘倒顚卦·착종괘錯綜卦·배합괘 配合卦 ·································· 49

   1. 본괘와 변괘 ·· 49

   2. 호괘 ··· 50

   3. 도전괘·착종괘·배합괘 ··· 51

      1) 도전괘 ··· 51

      2) 착종괘 ··· 53

      3) 배합괘 ··· 53

주효主爻 ·· 55

   1. 소성괘小成卦의 주효 ·· 55

      1) 건乾괘와 곤坤괘 ··· 55

      2) 진震·감坎·간艮괘 ··· 56

      3) 손巽·이離·태兌괘 ··· 56

  2. 대성괘大成卦의 주효 ·· 57

시時·위位·중中·정正·응應·비比·승承·승乘 ················ 59

  1. 시時 ··· 59
  2. 위位 ··· 60
    1) 음양의 위 ·· 60
    2) 존비의 위 ·· 61
    3) 삼재의 위 ·· 61
  3. 중中·정正 ·· 62
  4. 응應·비比·승承·승乘 ·· 63
    1) 응 ··· 63
    2) 비 ··· 63
    3) 승承·승乘 ·· 64

『역전』의 주요 내용 ·· 65

  1. 미래를 예측하는 것이 占이다 ··· 66
  2. 천天·천지자연天地自然·귀신鬼神·도道의 의미 ····················· 66
    1) 천天과 자연自然 ·· 67
    2) 천지자연의 생성순환 규율:도道 ·· 68
    3) 신묘한 천지의 도:신神 ·· 69
  3. 『주역』은 과학의 총결판 ··· 70
    1) 과학적 자연연구 방법 ·· 70
    2) 놀라운 과학 원리 ··· 72
  4. 철학적 문제들의 이해 ·· 74
    1) 우주의 기원은 태극이다 ··· 74
    2) 우주는 도道와 기器로 이루어졌다 ···································· 75
    3) 우주는 순환변화한다 ·· 76

4) 천지자연과 인간은 합일한다 ································ 77

 시時·공空의 우주와 주역의 상象·수數 ······························ 79

   1. 시간과 공간으로 이루진 우주 ···································· 79
   2. 공간성의 괘상卦象과 시간성의 역수易數로 구성된 주역 ········ 80
       1) 괘상 ··· 81
       2) 역수 ··· 81
       3) 우주변화법칙을 괘상으로 표현한 이유 ···················· 82
       4) 주역 해석의 2가지 방법 ································· 82

 역학의 갈래 ·· 84

   1. 상수역학 ·· 84
   2. 의리역학 ·· 85
   3. 응용역학 ·· 86
   4. 올바른 역학 방법 ·· 87

 『주역』과 천인합일사상 ·· 90

   1. 점과 천인감응 ·· 90
   2. 철학과 천인합일 ·· 91

원론편

 주역의 원리를 나타내는 부호 ·· 95

   1. 음양陰陽 ·· 95
       1) 음양의 보편적 의미 ··································· 95

2) 음양의 성질 ·· 95
　　3) 철학적 의미 ·· 96
　　4) 역학적 결론 ·· 99
　2. 오행 ··· 100
　　1) 오행의 의미 ··· 100
　　2) 음양과 오행의 관계 ··· 103
　　3) 오행의 상생相生과 상극相剋 ······································ 105
　　4) 오행의 상모相侮·상모相母 ··· 109
　　5) 오행의 휴왕休旺 ·· 111
　3. 간지갑자干支甲子 ·· 114
　　1) 간지갑자의 뜻 ··· 114
　　2) 천간 10글자 의미 ·· 115
　　3) 12지지 글자 의미 ·· 117
　　4) 간지와 음양오행 ·· 119
　　5) 간지와 방위 ··· 119
　　6) 간지와 계절 ··· 119
　　7) 간지력干支曆 ·· 120
　　8) 간지의 합화合化 ·· 121
　　9) 간지의 충돌 ··· 121
　　10) 간지의 육친六親 관계 ··· 123
　4. 간지의 종합정리 ··· 123

주역의 원리를 담은 그림 ·· 125
　1. 태극도 ·· 125
　2. 팔괘도 ·· 127
　　1) 선천팔괘차서도와 선천팔괘방위도 ······························ 128
　　2) 후천팔괘차서도와 후천팔괘방위도 ······························ 131
　3. 하도와 낙서 ·· 134

1) 하도 ·· 134
  2) 낙서 ·· 135

만물 분류법 – 팔괘취상과 오행귀속 ·· 137

  1. 팔괘취상八卦取象 ·· 137
  2. 오행귀속五行歸屬 ·· 138
  3. 팔괘취상과 오행귀속은 같은 내용이다. ·· 139

천체天體의 순환주기와 역법曆法 ··· 141

  1. 지구의 순환주기와 태양력 ·· 142
  2. 달의 순환주기와 태음력 ·· 143
  3. 태음태양력과 윤달 ·· 144

역괘易卦와 역법曆法 ·· 147

  1. 음양 2기氣의 변화와 길흉 ·· 147
  2. 건·곤괘와 2기氣 ··· 148
  3. 4정괘正卦 ··· 148
  4. 12월괘 ··· 149

천지수天地數와 대연수大衍數 ··· 153

  1. 주역의 수와 자연수의 차이 ·· 153
  2. 천지수 ··· 153
    1) 하늘의 수는 홀수, 땅의 수는 짝수인 이유 ··· 153
    2) 천지의 수가 55인 이유 ··· 154
  3. 대연수 ··· 155

4. 낳는 수(생수生數)와 이루는 수(성수成數) ·················· 156

실전편

점괘 뽑기와 길흉판단 ·················· 159

1. 점괘 뽑기 ·················· 159
   1) 괘를 뽑기 전의 준비와 마음 자세 ·················· 159
   2) 괘 뽑기 ·················· 161
2. 길흉 판단 ·················· 169
   1) 전통역점법 ·················· 169
   2) 오행역점법 ·················· 172

전통『주역』읽기 ·················· 173

1. 『역경』의 구성 ·················· 173
2. 천지자연은 음양의 조화물이다 ·················· 174
   1) 음양의 상반상성相反相成 원리 ·················· 174
   2) 음양의 물극필반物極必反 원리 ·················· 176
3. 괘상卦象 읽기 ·················· 179
4. 효상爻象 읽기 ·················· 183
   1) 효의 자리(효위爻位) 분석 ·················· 183
   2) 효의 때(時)에 대한 분석 ·················· 184
   3) 효의 중中·정正에 대한 분석 ·················· 184
   4) 효의 응應·비比에 대한 분석 ·················· 188
5. 괘효사 읽기 ·················· 189
   1) 수신修身의 도道 ·················· 190

2) 집안을 이끄는 도(가도家道) ·· 192
　　3) 임금과 신하의 관계(군신君臣의 도道) ························ 195
　6. 전통 주역점의 철학 ··· 199
　　1) 하늘과 사람은 하나로 통한다 ····································· 200
　　2) 하늘과 사람의 소통수단은 괘다 ································· 201
　　3) 우주의 생성과정을 설명한다 ······································ 201
　　4) 점의 결과에 대해 사람의 주체적 대응을 중시한다 ······· 202

경방역점의 이해 ·· 206

　1. 길흉 판단을 위한 준비 ··· 206
　　1) 팔궁괘八宮卦 ·· 206
　　2) 괘와 효에 간지오행을 배합한다 ································· 209
　　3) 세효世爻와 응효應爻(나와 상대) ································· 210
　　4) 드러나고 숨은 화복禍福 : 비飛·복伏 ·························· 214
　　5) 동動·변효變爻와 나아가고(진進)·물러남(퇴退) ············ 215
　　6) 육친과 중심효(주사효主事爻) ······································ 217
　　7) 월령月令과 일진日辰 ·· 220
　　8) 왕旺·상相·휴休·수囚·사死 ··· 222
　　9) 공망空亡 ·· 223
　2. 경방역점의 길흉판단 ··· 224
　　1) 용신 정하기 ··· 224
　　2) 용신과 관련 오행의 생극관계로 길흉을 판단한다 ······· 225
　3. 경방역점의 객관성 ·· 232

참고문헌·235

표차례

〈표 1〉 무극에서 태극의 발전단계 ·· 31
〈표 2〉 태극, 양의, 사상, 팔괘의 발전과정 ···································· 34
〈표 3〉 내괘·외괘와 효위의 명칭표 ·· 38
〈표 4〉 64괘 도표 ··· 40
〈표 5〉 원형이정과 4상 ·· 47
〈표 6〉 오행 상생도 ·· 106
〈표 7〉 오행 상극도 ·· 109
〈표 8〉 바탕 오행의 휴왕표 ··· 112
〈표 9〉 간지오행의 휴왕표 ··· 114
〈표 10〉 간지 60갑자 표 ·· 115
〈표 11〉 간지 오행 방위도 ··· 120
〈표 12〉 간지오행육친분류표 ··· 123
〈표 13〉 원시태극도 ·· 126
〈표 14〉 선천팔괘차서도 ·· 129
〈표 15〉 선천팔괘방위도 ·· 129
〈표 16〉 후천팔괘차서도 ·· 131
〈표 17〉 후천팔괘방위도 ·· 132
〈표 18〉 하도 ··· 134
〈표 19〉 낙서 ··· 135
〈표 20〉 팔괘취상도 ·· 137
〈표 21〉 오행 귀속도 ·· 138

〈표 22〉 팔괘와 오행 대비표 ·· 139
〈표 23〉 12월괘와 음양 소장도 ·· 152
〈표 24〉 설시수 변화표 ·· 167
〈표 25〉 효의 판별과 괘 그리기표 ······································ 168
〈표 26〉 팔궁괘표 ·· 208
〈표 27〉 팔괘납갑도 ·· 210
〈표 28〉 6순 공망표 ·· 223

기초편

주역周易의 뜻

— 역易·역경易經·역전易傳·역학易學

일반 사람들은 대개 주역周易·역易·역학易學·역경易經·역전易傳이라는 말에서부터 혼란스럽다고 느낀다. 따라서 주역 공부를 하고자 하는 사람은 이들 단어의 개념부터 정리하고 들어가야 한다.

1. 역易의 의미

『주역周易』·『역경易經』·『역전易傳』·'역학易學'이란 말의 뜻을 이해하려면 먼저 '역易'이란 글자의 의미를 알아야 한다.

'易' 자는 '바뀐다'는 뜻으로 쓰일 때는 '역'으로 읽고, '쉽다'는 의미로는 '이'로 읽는다. 물론 주역 또는 역학에서는 '역'으로 발음한다.

주역에서 '易' 자를 글자의 구성 측면에서 풀어보면 해를 나타내는 '일日' 자와 달을 표시하는 '월月' 자를 위와 아래로 합쳐놓은 것(日+月)으로 볼 수 있다.

그런데 해는 낮에 나타나고, 달은 밤에 뜬다. 그리고 낮이 가면 밤이 오고, 밤이 다하면 다시 낮이 된다. 밤과 낮이 한 번씩 바뀌면 하루가 되고, 하루하루가 서른 번 지나가면 한 달이 되고, 한 달이 12번 바뀌면 1년이 된다. 1년에는 또 사시사철의 변화가 있다. 이처럼 해와 달은 번갈아가며 자리를 바꾸면서 변화를 만든다. 그러므로 日과 月을 합친 '易' 자는 바뀜·변화 등의 의미가 있는 것이다.

한편으로 '易' 자는 도마뱀의 모양을 본뜬 것(日+勿)이라고도 한다. '日'은 눈이 박힌 도마뱀의 머리 모양이고, '勿'은 네 발과 꼬리가 달린 몸통과 비슷하다. 그런데 도마뱀은 보호색을 가지고 위험이 닥치면 몸의 색깔을 바꾸어서 스스로를 보호한다. 그러므로 '역' 자가 도마뱀을 형상한 글자라고 하더라도 상황에 따라 변화한다는 뜻이 담겨 있다.

이처럼 변화의 의미를 담고 있는 '역' 자는 주역에서는 그 뜻이 더욱 확장돼서 만물이 태어나서 자라고 소멸하는 과정, 즉 만물이 생장소멸生長消滅하는 과정을 반복하는 우주변화의 이치 내지는 규율이라는 의미를 갖고 있다. 다시 말해 『역경』·『주역』·『역전』·'역학'에서 '역'이란 말은 우주만물이 변화하는 이치, 혹은 변화하는 규율이란 뜻으로 쓰인 것이다.

2. 『역경易經』과 『역전易傳』

1) '경經'과 '전傳'의 차이

옷감으로 쓰이는 천을 짤 때 날줄을 가리키는 '경經' 자는 '가장 기본이 된다'는 의미가 있다. 그래서 성현의 가르침을 기록한 책은 여러 책 가운데 가장 기본이 되므로 '經' 또는 '경서經書'라고 한다. 사서삼경이라고 할 때 3경에 해당하는 『시경詩經』·『서경書經』·『역경易

經』이 그 예가 된다.

'전하다', '널리 퍼뜨리다', '알리다'는 의미의 '전傳' 자는 '經'을 주석하거나 해설한 것을 가리킨다. 예를 들면 모장毛萇[1]이란 사람이 『시경』에 주석注釋을 단 책을 『모전毛傳』이라고 하며, 공안국孔安國[2]이 『서경』을 주석한 책을 『공전孔傳』이라고 하고, 공자孔子[3]가 쓴 역사책 『춘추春秋』[4]를 좌구명左丘明[5]이 주석한 것을 『춘추좌씨전春秋左氏傳』이라고 하는 것과 같다. 같은 맥락에서 공자가 『易經』을 주석한 책을 『易傳』이라고 한다.

2) 『역경』

『역경』은 '역'의 내용, 곧 우주만물이 변화하는 이치 내지는 규율을 담아 놓은 책이다. 『역경』은 중국 상商나라(은殷나라라고도 부름) 말기에서 서주西周 초기에 주周[6]나라 문왕文王과 그의 아들 주공周公 단

---

1) 모장毛萇 : 서한西漢의 조趙(지금의 하북河北 한단邯鄲) 지방 사람으로 북해태수北海太守를 지냄.
2) 공안국孔安國 : 중국 전한前漢 무제 때의 학자, 산동성山東省 곡부曲阜 사람, 『상서尙書』 고문학의 시조인 공자의 11대손으로 공자의 옛 집을 헐었을 때 나온 과두문자蝌蚪文字로 된 『고문상서古文尙書』, 『예기禮記』, 『논어論語』, 『효경孝經』을 금문今文과 대조·고증하고, 해독하여 주석을 붙임.
3) 공자孔子(B.C.551~B.C.479) : 중국 노魯나라 창평향昌平鄕 추읍鄒邑(현재 산동성山東省 곡부曲阜) 사람, 본명은 구丘, 자는 중니仲尼. 춘추시대 말기 사상가로 인仁을 최고의 덕목으로 삼음. 그의 사상은 『논어』와 『춘추』에 담겨 있으며, 그를 시조로 하여 유교儒敎가 생겨남.
4) 『춘추春秋』는 『시경詩經』·『서경書經』·『주역周易』·『예기禮記』와 함께 오경에 들어감.
5) 좌구명左丘明 : 공자와 같은 시기의 노魯나라 사람으로 산동성山東省 출생. 『좌씨전左氏傳』·『국어國語』를 지은 것으로 전해짐.
6) 중국 고전을 읽기 위해서는 적어도 중국 고대역사의 대강을 이해하는 것이 필요하다.

卜에 의해 지어진 것으로 알려져 있다. 그러나 근래 학자들은 오랜 시간에 걸쳐 여러 사람의 노력으로 이루어진 것이라고 보고 있다.

『역경』은 64괘卦 384효爻와 괘 이름(괘명卦名), 괘와 효에 달린 괘효사卦爻辭(괘와 효를 풀이하는 글)로 이루어져 있다. 괘효사는 계사繫辭

고대왕조와 그에 관한 내용들이 주로 언급되기 때문이다. 우선 『주역』의 기본이 되는 '팔괘八卦'를 지은 사람은 '복희伏羲'라고 전해지고, 팔괘를 더욱 발전시켜 『주역』을 지은 사람은 주나라 문왕이라고 하는 내용만 보아도 그렇다.

역사 이전의 중국 왕조는 삼황오제三皇五帝부터 시작한다. 삼황은 복희伏羲(물고기 잡는 법을 전수했다고 함), 신농神農(농사법을 전수했다고 함), 여와女媧 혹은 수인燧人(불을 사용하는 법을 전수했다고 함) 씨 등 3인을 말한다. 오제는 황제黃帝 헌원軒轅, 전욱顓頊 고양高陽, 제곡帝嚳 고신高辛, 제요帝堯 방훈放勳, 제순帝舜 중화重華 등 5인을 말한다.

전설상의 삼황오제 다음에는 하夏나라, 상商나라, 주周나라가 이어진다. 현재 유적으로 그 존재가 확인된 왕조는 상나라부터다. 상나라 후기의 수도였던 은殷 지역에서 20세기 초 대규모 유적인 은허殷墟가 발굴돼 상나라의 실상이 밝혀졌다.

하나라는 오제의 마지막 왕조인 순으로부터 우禹 임금이 선양을 받아 세운 나라로 B.C.2070년 무렵부터 B.C.1600년까지 존재했다. 17대 472년을 존속한 하나라는 마지막 걸桀왕의 폭정으로 상나라 탕왕에 의해 무너졌다.

상은 B.C.1600~B.C.1046년까지 이어졌으나 마지막 31대 주왕紂王에 이르러 역시 폭정을 일삼아 주周나라에 의해 무너졌다.

주나라는 상나라를 멸하고 현재의 섬서陝西성 서안西安에 도읍(호경鎬京)을 정했으나 B.C.771년 서쪽 융적戎狄의 침입을 받아 수도를 낙읍洛邑(낙양洛陽)으로 옮겼다. 이후 B.C.256년 26대 난赧왕이 진秦에 항복하여 멸망했다. 주나라는 B.C.1046부터 수도를 낙양으로 옮길 때까지를 서주西周, B.C.771~B.C.256까지를 동주東周라고 한다. 동주는 다시 춘추春秋시대(B.C.771~B.C.453)와 전국戰國시대(B.C.453~B.C.256)로 구분한다. 주나라는 상나라를 멸망시킨 뒤 일족과 공신 70여 명을 각 지역의 제후로 봉하고 통치했다. 여기서 봉건제도封建制度라는 말이 시작된 것이다. 그런데 춘추시대 들어 힘센 제후들이 회합會合과 맹약盟約을 통해 맹주盟主의 자리를 차지하고 연약해진 주나라를 대신하게 된다. 이때의 5개국 맹주를 '춘추오패春秋五覇(제齊 환공桓公, 진晉 문공文公, 초楚 장왕莊王, 오왕吳王 합려闔閭, 월왕越王 구천句踐)'라고 한다. 전국시대에는 여러 제후국 중 힘센 7개국이 서로 천하를 다투게 되는데, 이 7개 강국을 전국 칠웅七雄(진秦, 초楚, 연燕, 제齊, 한韓, 위魏, 조趙)라고 한다. 전국 칠웅 가운데 진秦나라가 나머지 6국을 멸하고 천하통일을 이룬다.

라고도 하는데, 계繫는 괘와 효의 밑에 설명하는 말(사辭)을 '매다' 또는 '이어달다'라는 의미다. 즉 계사는 괘와 효 밑에 달아놓은 풀이하는 말이라는 의미다.

『역경』의 내용은 괘상卦象·서수筮數(역수易數라고도 함)·괘효사卦爻辭의 3종으로 구분할 수 있다. 이것을 『역경』의 3대 요소인 상象·수數·사辭라고 한다.

그런데 『역경』이라고 하면 괘상·역수·계사로 구성된 것 외에 뒤에 설명할 『역전』을 포함하기도 한다. 그래서 앞의 경우만 언급하는 것을 '본경 『역경』'이라고 하고, 『역전』을 포함하는 경우는 『역경』이라고 부른다. 다시 말해 『역경』이라고 하면 본경 『역경』을 말하기도 하고, 『역전』을 포함한 경우를 말하기도 한다.

본래 '경'과 '전'의 의미로는 『역경』과 『역전』은 분명히 구분되는 것이지만 공자는 성인의 반열에 있으므로 그가 지은 『역전』을 '경'으로 분류하는 것은 문제가 없는 것이다.

건乾괘를 예로 들어 『역경』의 구성을 살펴보면 다음과 같다.

건(☰)

乾 元亨利貞 건 원형이정
건은 크고, 형통하고, 이롭고, 바르다.
初九 潛龍勿用 초구 잠룡물룡
초구는 물에 잠겨있는 용이니 쓰지 말아야 한다.
九二 見龍在田 利見大人 구이 현룡재전 이견대인
구이는 나타난 용이 밭에 있으니 대인을 만나보는 것이 이롭다.
九三 君子終日乾乾 夕惕若 厲 无咎 구삼 군자종일건건 석척약 려 무구
구삼은 군자가 종일토록 힘쓰고 힘써서 저녁까지도 두려워하면

위태로우나 허물이 없으리라.
九四 或躍在淵 无咎 구사 혹약재연 무구
구사는 혹 뛰어 오르거나 연못에 있으면 허물이 없으리라.
九五 飛龍在天 利見大人 구오 비룡재천 이견대인
구오는 나는 용이 하늘에 있으니 대인을 만나봄이 이롭다.
上九 亢龍有悔 상구 항룡유회
상구는 끝까지 올라간 용이라 뉘우침이 있다.
用九 見群龍 无首 吉 용구 견군룡 무수 길
용구는 여러 용을 보되 앞장서지 않으면 길하리라.

여기서 乾(건)은 괘의 이름 즉 괘명卦名이며, ( ) 안의 ☰ 그림은 괘卦 또는 괘상卦象이라고 한다.

괘상은 천지만물이 운행하는 이치 즉 천도天道를 상징하는 부호로서 『역경』의 중요 구성요소다.

또 괘의 여섯 부호(효爻) 가운데 아래부터 초구初九·구이九二·구삼九三·구사九四·구오九五·상구上九까지는 역수易數 또는 서수筮數로서 괘상을 이루는 근거이자 천도天道를 수數로 나타낸 것이다.

그리고 '건 원형이정'과 같은 문자 부분은 괘와 효가 가지고 있는 의미를 설명하는 것으로서 '괘효사卦爻辭'라고 부른다.

3) 『역전』

『역전』은 본래 점치는 책이었던 본경 『역경』을 우주철학과 인륜도덕의 관점에서 해설한 10편의 '전傳'을 말한다. 일반적으로 공자가 지은 것으로 전해지고 있으나, 근래 학자들은 공자의 후학들에 의해 오랜 시간이 걸려 완성된 작품이라고 한다.

『역전』은 본경 『역경』의 깊은 뜻을 쉽게 이해하도록 돕는 10편으로 이루어졌다. 그래서 보통 '십익十翼'이라고도 표현한다. '익翼'자는 날개라는 의미 외에 '돕다'는 뜻도 있다. '십익'은「단전彖傳」상・하,「상전象傳」상・하,「계사전繫辭傳」상・하,「설괘전說卦傳」,「서괘전序卦傳」,「잡괘전雜卦傳」,「문언전文言傳」의 10편을 말한다.

「단전」은 괘의 이름(괘명卦名)・괘의 모습(괘상卦象)・괘를 설명하는 말(괘사卦辭)에 대한 해석이다.

「상전」은 괘상을 설명하는 '대상大象'과 효의 모양(효상爻象)을 설명하는 '소상小象'으로 구성됐다.

「문언전」은 건乾괘와 곤坤괘에 대한 해석이다. 즉「문언전」은 64괘 가운데 건괘와 곤괘에만 해당되고, 나머지 괘에는 없다.

「계사전」은『역경』의 괘효사卦爻辭에 대한 해석으로『역전』의 주요 사상을 담고 있다.

「설괘전」은 팔괘八卦의 성질・방위・상징象徵의 의의意義와 팔괘를 겹쳐서 64괘를 만드는 중괘重卦의 유래 등을 해석한다.

「서괘전」은 64괘의 배열 순서에 대해 설명하고 있다.

「잡괘전」은 각 괘가 뒤섞이고 종합되는 관계(착종錯綜)를 밝히고 있다.

『역전』은 처음에는 본경『역경』의 뒤에 붙어 있었으나 한나라 때 비직費直[7]과 정현鄭玄[8], 위나라의 왕필王弼[9] 등에 의해서 괘사와 효

---

7) 비직費直 : 중국 서한西漢의 고문학자, 동래東萊(지금의 산동성山東省 액현掖縣) 사람, 자는 장옹長翁. 고문『역易』을 공부하여 '괘서卦筮'에 특별히 능했다고 함.

8) 정현鄭玄(127~200) : 중국 후한後漢 말기 대표적 유학자, 자 강성康成. 북해 고밀北海高密(지금의 산동성山東省 고밀高密) 출생. 줄곧 재야在野의 학자로 지냈으며, 경학의

사 밑에 붙여졌다. 즉 『역전』의 10편 가운데 「단전」, 「상전」, 「문언전」은 『역경』의 괘사와 효사 밑에 붙이고, 나머지 「계사전」, 「설괘전」, 「서괘전」, 「잡괘전」은 『역경』의 말미에 따로 두었다.

4) 역학易學

역학은 『역경』과 『역전』 등 역에 대한 학문적 탐구활동을 말한다. 『역경』에 대한 해설서라고 할 수 있는 『역전』이 나오고, 한나라 때에 들어서면서 천문과학 등 문명의 발달로 『주역』에 대한 연구가 더욱 깊고 광범위하게 진행됐다. 『주역』으로 점치는 방법에 대한 것은 물론 『주역』에 담긴 도리에 대해서도 탐구가 진행됐다. 또 『역경』의 계사에 대한 해석 즉 훈고訓詁10)와 과학적 연구를 통해 우주와 천지 및 사람이 살아가는 일(인사人事)의 변화를 설명하고자 했다.

이런 『주역』에 대한 연구는 중국의 문예 사상은 물론 철학, 의학, 사학, 건축 등 각종 문화방면에 영향을 미치지 않은 곳이 없다. 2천 년이 넘는 세월 동안 『주역』에 관한 연구 저작은 3천여 종을 넘을 만큼 방대한 학술 영역을 구축하였다.

금문今文과 고문古文 외에 천문天文 · 역수曆數에 이르기까지 광범하게 공부함. 『주역周易』, 『상서尚書』, 『모시毛詩』, 『주례周禮』, 『의례儀禮』, 『예기禮記』, 『논어論語』, 『효경孝經』 등 경서를 주석 함.
9) 왕필王弼(226~249) : 자 보사輔嗣, 중국 위魏나라의 학자로 산동성山東省 출생. 하안何晏과 함께 위魏 · 진晉의 현학玄學 시조로 일컬어짐. 의義와 이理의 분석적 · 사변적 학풍을 창설하여 중국 중세의 관념론체계에 영향을 끼쳤다. 주요저서로 『노자주老子註』, 『주역주周易註』 등이 있다.
10) 고문古文의 자구字句를 해석하는 것을 훈고訓詁라고 함.

5) 『주역』

『주역』이라고 하면 통상 본경 『역경』과 『역전』을 합하여 말하는 것이다. 그러나 여기에 역학을 포함해 역에 관한 광범위한 지식체계까지를 가리키기도 한다.

『주역』은 이와 같이 학문적 내용을 말하기도 하고, 한편으로는 시대적 구분의 의미도 있다. 즉 역의 내용을 담은 책인 '역서易書'는 시대별로 세 종류가 있다. 하夏나라 때의 역서는 『연산連山』, 은나라 때의 역서는 『귀장歸藏』이라고 하며, 주나라의 역은 『주역』이라고 부른다. 이들 세 종류의 역서는 모두 우주변화의 규율을 담고 있으나 괘의 배열에서 어떤 괘를 머리에 배치하느냐 하는 차이가 있다. 『연산』은 간艮괘를 머리에 두고, 『귀장』은 곤坤괘를 머리에 두며, 『주역』은 건乾괘를 머리에 둔다. 또 『연산』과 『귀장』은 괘효가 변화하지 않은 상태에서 점을 치고, 『주역』은 괘효의 변화 상태로 점을 하는 것도 다른 점이다. 다만 『연산』과 『귀장』은 이미 실전하여 그 내용을 구체적으로 알 수 없다.

다시 말해 『주역』은 본경 『역경』과 『역전』 및 역학을 포함하는 말이면서 또 하나라의 『연산』과 은나라의 『귀장』과 구분하는 의미도 가지고 있다.

6) 역易의 세 가지 의미-삼역三易

『주역』에서의 말하는 '易'에는 세 가지 의미가 있다.

하나는 우주변화의 이치를 말하는 역이다. 즉 우주만물은 잠시도 제자리에 머물지 않고 언제나 변화한다는 것이다. 이것을 한자어로

'변역變易'이라고 표현한다.

둘은 우주만물이 쉬지 않고 변화를 거듭하는 규율은 절대로 바뀌지 않는 진리라는 말이다. 즉 우주변화의 이치는 항구한 도라는 의미다. 한자어로는 '불역不易'이라고 한다.

셋은 절대 변화하지 않은 규율 속에서 항상 쉬지 않고 변화하는 만물의 동태는 자연의 섭리로서 누구나 쉽게 알 수 있는 일이라는 것이다. 이것을 한자어로는 '이간易簡'이라고 한다. 여기서 '易' 자를 '역'으로 읽지 않고 '이'로 읽는 것은 '쉽다'는 뜻으로 쓰였기 때문이다. 물론 '簡' 자도 대쪽, 줄기, 편지 등의 뜻과 함께 '간단하다'는 의미도 있다.

정리하면 우주만물이 변화하는 규칙인 역은 항구 불변하는 진리의 도로서 누구든 쉽게 이해할 수 있다는 것이다.[11]

이처럼 '역'에는 변역, 불역, 이간의 뜻이 포함되므로 '삼역三易'의 의미가 있다고 하는 것이다.

---

11) 『역위易緯』「건착도乾鑿度」를 참고할 것.

태극太極 · 양의兩儀 · 사상四象 · 팔괘八卦

본경『역경』에는 태극·양의·사상·팔괘에 관한 언급이 없다. 이들 개념은『역경』을 해설한『역전』에서 처음 나온다.『역전』의「계사전」에는 "역에 태극이 있어 이것이 양의를 낳고, 양의가 사상을 낳고, 사상이 팔괘를 낳으며, 팔괘가 길흉을 정한다."[12]라고 설명하고 있다.

이 개념들은 주역 공부에서 아주 중요한 부분을 차지한다. 왜냐하면 본경『역경』의 64괘는 팔괘를 중첩하여 지은 것이고, 팔괘는 태극에서 양의와 사상의 단계를 거쳐 나온 것이므로 태극太極·양의兩儀·사상四象·팔괘八卦의 의미를 이해해야만『역경』을 해석할 수 있는 것이다.

1. 양효陽爻와 음효陰爻

『역경』을 구성하는 3대 요소 가운데 가장 기본이 되는 것이 '괘卦' 또는 '괘상卦象'이다.

그런데 괘는 '효爻'로 이루어진다. 효는 '사귄다'는 뜻의 '교交'의

---

[12]「계사전」상11장, "易有太極 是生兩儀 兩儀生四象 四象生八卦 八卦定吉凶".

의미도 가지고 있고, '만물의 상을 본떴다'는 '효效'의 뜻도 있다. 효는 홀수 혹은 기수奇數를 나타내는 '—'획과 짝수 또는 우수偶數를 나타내는 '--'획의 두 종류가 있다. 여기서 '—'획은 '양효陽爻'라고 하며, '--'획은 '음효陰爻'라고 한다.

양효는 양의 성질과 강건한 성질이 있어서 양강陽剛하다고 하며, 음효는 음의 성질과 부드럽고 유약한 성질이 있어서 음유陰柔하다고 한다. 그리하여 양효와 음효는 서로 상반된 성질을 가지면서 같은 효끼리는 서로 밀치고, 다른 효끼리는 서로 친하고 끌어당기는 특성이 있다. 예를 들면 남자와 여자가 서로 사귀려고 하고, 음전기와 양전기가 서로 끌어당기는 성질과 같은 것이다.

양효는 낮·강건함·적극성·남자·지아비·군주·큰 것·움직임·나아감·진실·겉 등의 특성을 갖는다.

음효는 밤·유순함·소극성·여자·지어미·신하·작은 것·고요함·물러남·거짓·속 등의 특성이 있다.

2. 태극·양의·사상

1) 태극

우주만물은 어디서 어떻게 처음 시작됐을까? 『주역』에서 이에 대한 답은 태극이다. 앞에 인용한 「계사전」의 '역에 태극이 있다'는 말은 태극이 곧 '역'이라고 말하는 것이다. 그런데 역은 우주만물이 생성 변화하는 과정을 표현하는 것인데, 그 역이 곧 태극이라고 하는 것은 태극이 바로 만물의 시작이고 근원이라는 말과 같은 것이다.

그런데 우주의 발전 단계는 태극이 있기 전에 4단계가 더 있다.[13] 즉 우주만물을 구성하는 기氣가 전혀 드러나지 않은 태역太易에서 시작해 원기元氣가 시작되는 태초太初 단계, 형形이 시작되는 태시太始 단계, 질質이 시작되는 태소太素의 단계를 거쳐서 태극이 있게 된 것이다. 다시 말해 기氣·형形·질質 중 아무 것도 없는 태역(이것을 무극無極이라고 함)에서 기氣·형形·질質의 단계를 거쳐 태극이 나온 것이다. 그러므로 태극은 氣·形·質이 뒤섞여 구분되지 않는 상태로 천지天地가 나누어지기 전이 된다. 여기서 기氣는 원기元氣를 말하고, 원기가 형질을 이루어 상象을 만들게 되므로 기氣·형形·질質이 갖춰졌다는 것은 기氣와 상象이 나누어지지 않은 상태로 있다는 말이 된다.

〈표 1〉 무극에서 태극의 발전단계

무극					→	태극
태역		태초		태시		태소		기·형·질이 갖추어졌으나 뒤엉켜 구분되지 않은 상태
기(氣)가 전혀 드러나지 않은 상태	→	기가 시작되는 단계	→	형(形)이 시작되는 단계	→	질(質)이 시작되는 단계		

2) 양의

태극이 나누어져 둘이 되면 이것을 양의兩儀라고 한다. '兩'자는 둘이라는 뜻이고, '의儀'자는 거동, 법도, 본보기, 예절 등의 의미와 함께 '짝'이라는 뜻도 있다. 그러므로 '양의'라는 말은 두 짝이라는 의미가 된다. 즉 태극이 두로 갈라져서 두 짝을 이룬다는 뜻이다. 양

---
13) 『역위易緯』「건착도乾鑿度」 참고.

의는 하늘과 땅을 말한다. 또 음과 양을 말하는 것이기도 하다. 괘卦
에서는 하늘을 상징하는 건乾괘와 땅을 상징하는 곤坤괘가 된다.

　태극의 기氣·형形·질質 요소는 둘로 갈라질 때 가볍고 맑은 것은
위로 올라가 하늘이 되고, 무겁고 탁한 것은 아래로 가라앉아 땅이
된다. 가볍고 맑은 것은 양(─)이 되고, 무겁고 탁한 것은 음(--)이 된
다. 그러므로 하늘은 가볍고 맑은 기운이 모인 것이고, 땅은 무겁고
탁한 기운이 뭉친 것이라고 할 수 있다.

　하루 중에는 태양이 비치는 낮이 양이 되고, 달이 비치는 밤은 음
이 된다. 1년 중에서는 동지를 지나면서부터 하지까지 태양의 기운
이 점점 커지는 봄과 여름을 양이라고 하고, 하지부터 동지까지 태
양의 기운이 점점 줄어드는 가을과 겨울을 음이라고 한다. 이것은
자연현상에 대한 음양의 구분이다. 사람에 있어서는 남자가 양, 여
자는 음이 되고, 물체는 강한 것이 양, 약한 것이 음이 된다. 만물은
모두 이렇게 음과 양으로 구분된다.

3) 사상

　음과 양이 다시 나누어지면 사상四象이 된다. '상象' 자는 보통 코
끼리를 의미하지만 꼴, 모양, 형상, 얼굴 모양, 법, 징후, 조짐, 도리
등의 뜻도 가지고 있다. 따라서 여기서 말하는 '사상'은 '네 가지 형
상'으로 해석할 수 있다.

　즉 천지에는 봄·여름·가을·겨울의 4계절이 있음을 말한다. 4계
절 중 봄은 양의 기운이 아직 자라는 때이므로 소양小陽, 여름은 양
의 기운이 절정에 달하므로 태양太陽이 되고, 가을은 음의 기운이 시

작되는 시기이므로 소음小陰, 겨울은 음의 기운이 절정을 이루므로 태음太陰이 된다. 부호로는 태양(⚌)·소음(⚎)·소양(⚏)·태음(⚏)으로 표시한다. 방향으로는 각각 소양은 동방·태양은 남방·소음은 서방·태음은 북방이 된다.

유학儒學에서 말하는 인의예지仁義禮智의 4덕도 사상에 의한 분류다. 즉 인은 봄, 의는 가을, 예는 여름, 지는 겨울에 해당한다. 한의학에서는 사람의 체질을 4상으로 나눈다. 만물 역시 4상으로 구분된다.

3. 팔괘와 괘상卦象

천지의 사시사철은 음과 양의 강하고 약함이 있기 때문에 팔절八節로 나누어진다. 여기서 '節'은 마디라는 의미가 있다. 1년을 팔절로 나눈다는 것은 여덟 마디로 구분한다는 것이다. 즉 봄이 시작되는 입춘立春, 봄의 중간에 위치해 밤과 낮의 길이가 똑같은 춘분春分, 여름이 시작되는 입하立夏, 여름의 절정인 하지夏至, 가을이 시작되는 입추立秋, 가을의 중간으로 밤낮의 길이가 같은 추분秋分, 겨울의 시작인 입동立冬, 겨울의 절정인 동지冬至가 그것이다. 다시 말하면 4철의 중간인 2지 2분(동지·하지·춘분·추분)과 각 계절의 시작점인 4립(입춘·입하·입추·입동)을 8절이라고 한다.

8절을 괘로 표시하면 팔괘가 된다. 팔괘의 건괘(☰)는 하늘(천天), 곤괘(☷)는 땅(지地), 진괘(☳)는 우레(뢰雷), 손괘(☴)는 바람(풍風), 감괘(☵)는 물(수水), 이괘(☲)는 불(화火), 간괘(☶)는 산山, 태괘(☱)는 연못(택澤)을 상징한다. 즉 만물을 여덟 가지 유형으로 구분한 것이다.

음과 양의 부호 2개씩 겹쳐진 4상에 다시 음양의 부호를 1개씩 더하면 3획 괘인 팔괘가 되는 것이다.

팔괘는 괘의 모양 즉 괘상으로 모든 물상物象을 표현할 수 있다. 예를 들면 건괘는 양의 효만 3개이므로 말馬, 옥玉, 금金 등 강한 성질의 물상을 상징한다. 또 곤괘는 음의 효만 3개이므로 만물을 기르는 땅, 어머니, 새끼를 많이 기른 어미소, 큰 수레 등 부드럽고 만물을 기르는 성질의 물상을 상징한다. 나머지 6개 괘도 마찬가지다.

〈표 2〉 태극, 양의, 사상, 팔괘의 발전과정

팔괘	지地	산山	수水	풍風	뢰雷	화火	택澤	천天
	8	7	6	5	4	3	2	1
	☷	☶	☵	☴	☳	☲	☱	☰
	坤곤	艮간	坎감	巽손	震진	離리	兌태	乾건
사상	⚏ 태음		⚎ 소양		⚍ 소음		⚌ 태양	
양의	-- 음				― 양			
	太極 태극							

◆ 팔괘 외우기 힌트 ◆

『주역』을 공부하려면 적어도 팔괘의 그림(괘상)과 괘의 이름, 괘가 나타내는 상징물 정도는 암기해야 한다. 본경에 나오는 64괘는 팔괘를 겹쳐서 만든 것이므로 64괘가 상징하는 내용을 이해하려면 반드시 팔괘의 파악이 필수기 때문이다.

① 건乾 괘(☰)
건괘는 양의 효만 3개로 구성돼 있다. 따라서 '건삼련乾三連'이라고 암기한다. 건은 괘 이름, 삼련은 중간이 끊어지지 않은 효가 3개라는 뜻이다. '연連'은 이어졌다는 뜻이다. 즉 건괘는 양효만 3개라는 의미가 된다.

② 태兌 괘(☱)
태괘는 맨 위 효가 음효이고, 밑으로 2개 효는 양효다. 따라서 위에 있는 상효가 중간이 끊어진 효라는 뜻으로 '태상절兌上絕'이라고 왼다. '절絕'은 끊어졌다는 의미다.

③ 이離 괘(☲)
이괘는 중간에 있는 효만 음효로 끊어진 효다. 그러므로 '이중허離中虛'라고 왼다. 여기서 '허虛'는 비어있다는 뜻이다.

④ 진震 괘(☳)
진괘는 맨 아래 효만 양효다. 그래서 '진하련震下連'이라고 암기한다. 진괘는 맨 아래 효만 중간이 끊어지지 않은 양효라는 뜻이다.

⑤ 손巽 괘(☴)

손괘는 맨 아래 효가 중간이 끊어진 음효다. 따라서 '손하절巽下絶'이라고 암기한다.

⑥ 감坎 괘(☵)

감괘는 중간 효만 끊어지지 않은 양효다. 따라서 '감중련坎中連'으로 암기한다.

⑦ 간艮 괘(☶)

간괘는 맨 위 효가 양효다. 따라서 '간상련艮上連'으로 암기한다.

⑧ 곤坤 괘(☷)

곤괘는 3개 효 모두 중간이 끊어진 음효다. 그러므로 '곤삼절坤三絶'이라고 암기한다.

◆ 괘의 번호와 상징물 외우기 ◆

1건천乾天, 2태택兌澤, 3리화離火, 4진뢰震雷, 5손풍巽風, 6감수坎水, 7간산艮山, 8곤지坤地로 암기하면 편리하다.

1번 괘인 건괘는 하늘, 2번 괘인 태괘는 연못, 3번 괘인 이괘는 불, 4번 괘인 진괘는 우레, 5번 괘인 손괘는 바람, 6번 괘인 감괘는 물, 7번 괘인 간괘는 산, 8번 괘인 곤괘는 땅을 각각 상징하고 있다는 뜻이다.

64괘와 상경上經·하경下經

1. 64괘와 내괘內卦·외괘外卦

괘에는 팔괘와 64괘 두 종류가 있다. 팔괘는 한 괘마다 3개의 효로 구성된 것을 말하고, 64괘는 팔괘를 겹쳐서 만든 것이기 때문에 한 괘마다 6개의 효로 이루어졌다.

3개 효로 이루어진 팔괘는 6개 효로 구성된 64괘에 비해 효의 수가 적기 때문에 소성괘小成卦 내지는 경괘輕卦라고 한다. 반면에 64괘는 대성괘大成卦 혹은 중괘重卦라고 한다. 그리고 64괘에서 아래 3획괘는 하괘下卦 혹은 내괘內卦, 위의 3획괘는 상괘上卦 또는 외괘外卦라도 부른다.

2. 효爻의 자리(효위爻位)와 명칭

6획괘에서 각 효는 위치와 명칭이 따로 있다. 괘의 맨 아래부터 초효, 2효, 3효, 4효, 5효, 상효라고 부른다. 그리고 초효, 3효, 5효는 양효의 자리이고, 2효, 4효, 상효는 음효의 자리가 된다.

그리고 양효는 '구9', 음효는 '육6'의 수자를 붙여 부른다. 예를 들면 감괘의 초효는 음효이므로 초육, 2효는 양효이므로 구이(9,2), 3효는 음효이므로 육삼(6,3), 4효는 음효이므로 육사(6,4), 5효는 양효이므로 구오(9,5), 상효는 음효이므로 상육이라고 한다.

〈표 3〉 내괘·외괘와 효위의 명칭표

上六 --	상구 —	⎤
九五 —	육오 --	⎬ 上卦·외괘
六四 --	구사 —	⎦
六三 --	구삼 —	⎤
九二 —	육이 --	⎬ 下卦·내괘
初六 --	초구 —	⎦
重水坎卦	重火離卦	
중수감괘	중화리괘	

3. 상경과 하경

64괘의 이름은 소성괘(팔괘) 중 같은 괘를 아래위로 겹친 8개 괘는 건乾·태兌·이離·진震·손巽·감坎·간艮·곤坤괘라고 부른다. 즉 팔괘에서 건괘를 두 개 겹친 괘는 건괘, 태괘만 두 개 겹친 괘는 태괘, 이괘만 겹친 것은 이괘라고 부르는 것이다. 나머지 진괘, 손괘, 감괘, 간괘, 태괘도 이와 같다.

그리고 소성괘와 이름이 같은 팔괘를 제외한 56개 괘는 괘마다 상괘와 하괘의 조합이 다르므로 이름도 각각 다르다.

64괘를 일반적으로 통용되는 순서대로 나열하면 다음과 같다.

건乾·곤坤·준屯·몽蒙·수需·송訟·사師·비比·소축小畜·이履·태泰·비否·동인同人·대유大有·겸謙·예豫·수隨·고蠱·임臨·관觀·서합噬嗑·비賁·박剝·복復·무망无妄·대축大畜·이頤·대과大過·감坎·이離

(이상은 上經 30괘)

함咸·항恒·돈遯·대장大壯·진晉·명이明夷·가인家人·규睽·건蹇·해解·손損 익益·쾌夬·구姤·췌萃·승升·곤困·정井·혁革·정鼎·진震·간艮·점漸·귀매歸妹·풍豊·여旅·손巽·태兌·환渙·절節·중부中孚·소과小過·기제旣濟·미제未濟

(이상 하경 34괘)

64괘는 1번 괘부터 30번 괘까지 30개 괘를 상경이라고 하고, 31번 괘부터 64번 괘까지 34개 괘는 하경이라고 한다.

그런데 상경은 천지자연의 이치를 상징하여 담고 있고, 하경은 천지자연의 이치를 토대로 사람이 살아가는 문제 즉 인사에 관한 내용을 담고 있다.

예컨대 상경의 1번 괘는 하늘을 나타내는 건乾괘이고, 2번 괘는 땅을 말하는 곤坤괘로 이어진다. 그리고 29번 괘는 물 혹은 달(월月)을 표현하는 감坎괘, 30번 괘는 불 또는 해(일日)를 나타내는 이離괘다. 곧 하늘과 땅에서 시작하여 해와 달까지 자연현상을 담고 있는 것이다.

또 하경은 젊은 남자와 여자가 만나는 일을 상징하는 택산함澤山咸괘와 어른 남녀가 가정을 이루어 살아가는 일을 상징하는 뇌풍항雷風恒괘로 시작해 인사가 잘 이루어진 것을 상징하는 수화기제水火旣濟괘와 인사가 어긋남을 상징하는 화수미제火水未濟괘로 끝맺는다.

이처럼 주역은 천지자연의 이치를 파악한 뒤 이것을 사람이 살아가는 일에 대입하여 올바른 삶을 살아가고자 하는 내용을 담고 있다. 이것을 전문 용어로 주역의 목적은 '추천도명인사推天道明人事－하늘의 도를 미루어 인사를 밝힌다.'라고 요약하여 말한다.

〈표 4〉 64괘 도표

1. 중천건 重天乾	2. 중지곤 重地坤	3. 수뢰둔 水雷屯	4. 산수몽 山水蒙	5. 수천수 水天需	6. 천수송 天水訟
7. 지수사 地水師	8. 수지비 水地比	9. 풍천소축 風天小畜	10. 천택리 天澤履	11. 지천태 地天泰	12. 천지비 天地否
13. 천화동인 天火同人	14. 화천대유 火天大有	15. 지산겸 地山謙	16. 뇌지예 雷地豫	17. 택뢰수 澤雷隨	18. 산풍고 山風蠱
19. 지택림 地澤臨	20. 풍지관 風地觀	21. 화뢰서합 火雷噬嗑	22. 산화비 山火賁	23. 산지박 山地剝	24. 지뢰복 地雷復
25. 천뢰무망 天雷无妄	26. 산천대축 山天大畜	27. 산뢰이 山雷頤	28. 택풍대과 澤風大過	29. 중수감 重水坎	30. 중화리 重火離

31. 택산함 澤山咸	32. 뇌풍항 雷風恒	33. 천산돈 天山遯	34. 뇌천대장 雷天大壯	35. 화지진 火地晉	36. 지화명이 地火明夷
37. 풍화가인 風火家人	38. 화택규 火澤睽	39. 수산건 水山蹇	40. 뇌수해 雷水解	41. 산택손 山澤損	42. 풍뢰익 風雷益
43. 택천쾌 澤天夬	44. 천풍구 天風姤	45. 택지취 澤地萃	46. 지풍승 地風升	47. 택수곤 澤水困	48. 수풍정 水風井
49. 택화혁 澤火革	50. 화풍정 火風鼎	51. 중뢰진 重雷震	52. 중산간 重山艮	53. 풍산점 風山漸	54. 뇌택귀매 雷澤歸妹
55. 뇌화풍 雷火豊	56. 화산려 火山旅	57. 중풍손 重風巽	58. 중택태 重澤兌	59. 풍수환 風水渙	60. 수택절 水澤節
61. 풍택중부 風澤中孚	62. 뇌산소과 雷山小過	63. 수화기제 水火旣濟	64. 화수미제 火水未濟		

복서卜筮와 길흉吉凶

1. 복卜과 서筮의 차이

　보통 주역으로 점을 치는 일이나 방법을 '복서卜筮'라고 말한다. 그런데 '복'과 '서'는 차이가 있다.
　'복'은 거북이 껍질을 불에 구워서 갈라지는 모양을 보고 길흉吉凶을 판단하는 점법이다. 거북이 껍질을 불에 구우면 '갈라지는 모양'이 '복卜' 자처럼 나타나는 경우가 많아서 점치는 일을 '卜'으로 표현한 것이다. 그래서 '卜'이라고 하면 '거북점'을 말한다.
　거북점을 칠 때 껍질이 '갈라지는 모양'을 조짐兆朕이라고 한다. '조兆'와 '짐朕'은 징조·조짐·전조라는 뜻을 가지고 있다. 현재 우리가 자주 쓰는 '낌새가 어떠하다'거나 '조짐이 좋다' 혹은 '나쁘다'는 말은 바로 거북점에서 유래한 것이다. 또 '갈라지는 모양'을 '상象'이라고도 한다. '象' 자는 '코끼리'라는 뜻 외에도 '자연스럽게 나타나는 형상形狀·형태·모양·상태·징후라는 의미가 있다.
　복점은 중국 하夏나라에서 은殷나라 때 성행했고, 주周나라 초기까지도 사용됐다.
　'점占' 자는 '거북이 껍질을 불에 구워 나타난 조짐(卜)을 입(구口)으로 표현한다'는 의미가 있다. 즉 점은 조짐을 미리 아는 일을 말한다. 요즘 말로는 미래를 예측하는 것이 점이다. 따라서 '복' 또는 '복점'은 거북이 껍질을 태워서 나타나는 모양을 보고 길흉을 판단하는 것을 말한다.

'서筮'는 대나무 막대를 세어서 괘卦를 만들고, 이 괘의 모양(괘상卦象)을 보고 길흉을 판단하는 점법이다. '서점筮占'이 처음 시작된 것은 주나라 초기부터다. 이때는 대나무 막대를 사용한 것이 아니라 '시초蓍草'라는 풀의 줄기를 썼다. 시초는 쑥의 일종으로 한 포기에 백 개의 줄기가 자라는 천 년 살이 풀이라고 한다. 당시 사람들은 시초가 아주 신성한 힘을 가지고 있다고 믿었다.

점괘를 만들기 위해 시초의 줄기를 계산하는 일을 '설시揲蓍'라고 한다. '설揲' 자는 '맥을 짚다'는 의미도 있지만 '시초를 세어 몇 묶음으로 나누다'는 뜻이 있다. 그러므로 괘를 만든다는 의미의 '작괘作卦'와 '설시'는 서로 통하는 말이다. 시초를 세어서 괘를 만드는 법인 '설시법' 내지는 '작괘법'에 관해서는 뒤에 〈실전편〉에서 자세히 설명한다.

'서筮' 자는 '대나무 죽竹' 자 아래에 '무당 무巫' 자를 더한 글자다. '巫' 자에서 위의 'ㅡ'는 하늘, 아래의 'ㅡ'는 땅을 의미하고, 가운데의 'ㅣ'는 하늘과 땅 사이에 통하는 신명의 이치를 나타낸다. 그리고 'ㅣ' 양측의 '사람人' 자는 궁금한 일을 천지신명에게 물어보러온 사람과, 무당이 천지신명을 대신하여 궁금한 내용을 답변하는 모습을 의미한다. 그러므로 '서' 자는 대나무 막대 또는 시초를 사용하여 점을 친다는 뜻이 된다.

정리하면 '복'은 거북이 껍질을 불에 구워 나타난 조짐의 상을 보고 길흉을 판단하는 점법이고, '서'는 시초를 세어서 괘상을 만들어 그것을 보고 길흉을 판단하는 점법이다. 즉 복점은 인위적 조작 행위가 배제된 것인데 비해 서점은 인위적으로 괘상을 조작한 것이다. 그 이유는 시간이 가면서 사람의 지혜가 발달하고 천문관측 등을 통해 자연의 섭리를 터득한 수준이 향상됨으로써 미래예측의 방법도 발전하기 때문이다. 뒤에서 설명하겠지만 서점에서 작괘의 과정은 천지가 순환 변화하는 스케줄을 파악하는 역법曆法과 매우 밀접하게 관련된다는 점이 이를 뒷받침하고 있다.

2. 길吉·흉凶·회悔·인吝·무구无咎

주역의 괘사와 효사 중에는 길吉·흉凶·회悔·인吝·무구无咎라는 말이 자주 등장한다. 이들 말은 점의 결과를 판단할 때 쓰는 말이다. 즉 점의 결과가 길한 것인지 흉한 것인지, 아니면 허물이 있는지 없는지를 표현하는 말이다.

점의 결과가 '길'하다는 것은 얻음이 있는 것이고, '흉'하다는 것은 잃는 것을 말한다. 그리고 '无'는 없다는 뜻이고, '咎'는 허물을 말하므로 '무구'라고 하면 허물이 없다는 의미가 된다.

그런데 '회'와 '인'은 길·흉·무구와는 좀 다른 표현이다. '悔'는 '마음 심心'과 '매양 매每' 자가 합쳐진 글자로 마음이 안정되지 못하고 늘 왔다 갔다 하는 모양을 나타낸다. 그래서 '뉘우친다'는 뜻이 있다. 글월 문文과 입 구口가 합하여 이루어진 '인吝'은 말이나 글로만 행하고 실제로 주는 것이 없으므로 '인색함'을 나타낸다.

주역에서 말하는 회와 인은 바른 자리를 얻지 못한 때를 말한다. 즉 음이 음의 자리가 아닌 양의 자리에 있거나, 양이 양의 자리가 아닌 음의 자리에 있는 경우다. 이렇게 제자리를 얻지 못하면 허물이 생길 수밖에 없다. '회'나 '인'의 상태에서는 '중덕中德'이 있는 자리를 얻거나 자기를 도와줄 수 있는 '정응正應'이 있으면 허물을 보충할 수 있다. 그래서 '허물이 없어진다'는 의미의 '무구' 또는 '뉘우침이 없어진다'는 뜻으로 '회망悔亡'이라고 표현하는 것이다.

그런데 무구와 회망은 흉한 것은 아니나 그렇다고 길한 것도 아니다. 다만 잘못된 상태가 해소됐을 뿐이다. 그리고 '회'는 현재 잘못된 점을 뉘우치므로 길한 쪽으로 가기 쉽고, '인'은 잘못된 점을 뉘우치지 못하므로 흉한 쪽으로 가기 쉽다.

다시 말하면 길과 흉은 서로 상대가 되고, 회와 인은 그 가운데 위치한다. 그리고 회는 흉함에서부터 길한 것으로 나가는 것이고, 인은 길한 것에서부터 흉한 것으로 향하는 것이다.

그러므로 회와 인의 때에 처했을 경우는 걱정하여 잘못을 뉘우치고 고치게 되면 허물이 없어질 수 있다. 회와 인의 때에 걱정하는 것은 선·악이 이미 움직였으나 아직 나타나지 않은 때이어서 이때 근심하면 흉함에 이르지 않는다는 것이다. 또 뉘우칠 줄 알면 허물을 보충하려는 마음을 움직여서 허물이 없도록 할 수 있는 것이다.

길吉 ← 회悔·인吝 → 흉凶

3. 원元·형亨·이利·정貞

주역의 괘효사에는 원元·형亨·이利·정貞이란 말도 자주 나온다. 그런데 그 쓰임과 뜻이 차이가 있다. 특히 주역을 의리철학적으로 해석하는 쪽과 점서적 관점에서 해석하는 쪽의 입장이 다르기도 하다.

주역 첫 괘인 건乾괘 괘사는 '乾 元亨利貞'이다. 이 괘사를 중국 송나라 정자程子14)는 "건은 원하고, 형하고, 이하고, 정하다."라고 풀이한다. 이것은 '건괘는 만물의 시작이고, 만물의 자라남이며, 만물의 이룸이고, 만물의 완성이다'는 말이다. 즉 건괘는 만물이 낳고, 자라고, 이루며, 완성하는 모든 과정을 주관한다는 의미다. 다시 말해 천지자연의 생生·장長·수收·장藏이 되고, 춘·하·추·동의 사시사철이 되며, 동·서·남·북의 사방이 되며, 인·의·예·지의 4덕이 된다.

정자는 원형이정을 건乾괘와 곤坤괘에서만 이렇게 풀이하고 나머지 괘에서는 '크게 형통하고(元亨)'하고, '바름이 이롭다(利貞)'고 해석한다.

그런데 주자15)는 건괘의 괘사를 '원형하고 이정하다'고 풀이한다. 이 말은 점을 쳐서 건괘가 나오면 크게 형통하지만 바름을 지켜야만 이롭다는 의미가 된다. 이때의 원은 '크다', 형은 '형통하다', 이는 '이롭다', 정은 '바르다'는 뜻이다.

주역 건괘의 원형이정 4덕은 계절의 사철로는 봄·여름·가을·겨울을 나타내고, 오행으로는 목·화·금·수·토(4덕에 중앙 토土가 추가된 것임)를 말하고, 사방은 동·남·서·북·중앙을 표현하며, 오상五常은

---

14) 중국 송나라의 정명도程明道(1032~1085)와 정이천程伊川(1033~1107) 두 형제를 말하며 이정자二程子라고도 함. 주염계周簾溪에게서 배우고 '이理'를 최고의 범주로 삼아 도학道學을 체계화하고 발전시킨 유학자.
15) 주자朱子(1130~1200), 본명은 주희朱熹, 자는 원회元晦, 호는 회암晦庵, 중국 남송 때 복건성福建省 우계尤溪 출생의 유학자. 주염계·장횡거張橫渠·이정자二程子의 설을 종합 정리하여 주자학으로 집대성함. 우주는 형이상학적인 '이理'와 형이하학적인 '기氣'로 구성되어 있다고 보고 인간에게는 선한 '이'가 본성으로 나타난다고 주장함.

인·예·의·지·신이 해당된다.

〈표 5〉 원형이정과 4상

사덕	元	亨	利	貞	
사시	春	夏	秋	冬	
오행	木	火	金	水	土
오방	東	南	西	北	中央
오상	仁	禮	義	智	信

4. 동動·정靜

주역에서 말하는 '동動'과 '정靜'의 개념은 일반적으로 쓰이는 '움직임'과 '고요함'이란 개념과 차이가 있다. 우주만물은 태극에서 음양으로 나뉘고, 다시 음양은 사상으로 나뉘며, 팔괘로 발전한다고 했다. 그리고 태극은 기氣와 형形과 질質이 뒤섞여 아직 고요한 상태라고 하는 점도 앞서 설명했다.

그런데 이 태극이 음과 양으로 구분되고, 음과 양은 서로 대립하면서 또 서로 순환하는 과정을 반복하며 만물을 낳아 기르고 수렴하고 잠장潛藏하는 것이 우주의 이치다. 다시 말해 우주변화의 이치는 음과 양의 운동이 연속하는 것이다. 이렇게 볼 때 음과 양은 모두 운동을 하는 것이다. 그런데 이 때 음의 운동을 '정'이라고 하고, 양의 운동을 '동'이라고 말하는 것이다.

하루를 예로 들면 해가 떠서 낮이 되면 따뜻한 기운이 퍼지면서 만물이 깨어나 활동을 하게 된다. 그리고 해가 져서 밤이 되면 만물은 활동을 멈추고 조용히 휴식을 취하게 된다. 그런데 따뜻한 기운인 양기는 확산하고, 차가운 음의 기운은 안으로 오그라드는 응축의 성질이 있다. 즉 확산하는 운동을 '동'이라고 하며, 응축하는 운동은 '정'이라고 한다는 것이다.

즉 우주 변화과정에서 양의 운동과 음의 운동을 '동'과 '정'이라는 말로 표현한 것이다. 한 마디로 정리하면 양이 밖으로 팽창하며 확산하는 움직임은 '동'이 되고, 음이 안으로 응축하며 수렴하는 움직임은 '정'이 되는 것이다.

단순히 움직임을 동이라하고, 고요함을 정이라고 하는 일반적 동, 정의 개념과 다른 점이다.

그런데 주의할 것은 동과 정은 서로 별개의 것이 아니라 동하기 위해서는 정해야 되고, 정하기 위해서는 동해야 한다는 것이다. 즉 일 년을 예로 들면 봄과 여름은 양기가 확산하지만 이것은 음기의 응축을 위한 과정이고, 가을과 겨울은 음기가 수렴 응축하는 때이지만 양기의 확산운동을 위한 과정이다. 이렇게 음과 양은 동과 정하면서 순환을 반복하는 것이다.

본괘本卦 · 변괘變卦 · 호괘互卦
도전괘倒顚卦 · 착종괘錯綜卦 · 배합괘配合卦

1. 본괘와 변괘

점대를 계산하여 얻은 본래의 괘를 '본괘'라고 한다. 주역은 천지 자연이 순환 변화하는 규율을 나타내는 것이라고 했다. 그래서 괘를 뽑아 보면 한 괘의 여섯 효 중에는 변하는 효가 있게 마련이다. 물론 효가 하나도 변하지 않는 경우도 있고, 여섯 효 모두 변하는 경우도 있다. 이처럼 본괘 중에 변하는 효가 있으면 그 괘는 다른 괘로 변화하게 된다. 이렇게 변화한 괘를 '변괘'라고 한다.

그리고 본괘를 '정괘貞卦'라고도 하며, 변괘는 '지괘之卦'라고도 부른다. 이때 괘 중에 변하는 효를 동효動爻라고 하고, 변하지 않는 효는 정효靜爻라고 한다.

예를 들어 본괘가 건乾괘인데 그 중에 초효가 변하면 괘는 구姤(천풍구)괘로 바뀌게 된다. 즉 본괘는 건괘이고 변괘는 구괘인 것이다.

乾괘	姤괘
─	─
─	─
─	─
─	─
─	─
─○	--

괘를 해석할 때 본괘는 천지신명에게 물어본 어떤 일이 현재 처한 상황을 나타내며, 변괘는 앞으로 전개될 상황을 보여준다. 우주만물은 잠시도 머물러 있지 않고 지속적으로 변화하기 때문에 이러한 내용이 괘로 나타난다는 말이다.

2. 호괘

호괘는 6획괘에서 초효와 상효를 제외하고 2·3·4효를 하괘, 3·4·5효를 상괘로 하여 새로운 하나의 괘를 만드는 것을 말한다. 이때 하괘는 내호괘, 상괘는 외호괘라고 부른다.

예를 들어 수뢰준水雷屯괘의 호괘를 보자.

```
         수뢰준水雷屯괘  ──────→   산지박山地剝괘
    상 --      4 --        5 ──        ──    ┐
    5 ──      3 --        4 --        --    ├ 외호괘
    4 --      2 --        3 --        --    ┘
    3 --    내호괘        외호괘       --    ┐
    2 --                              --    ├ 내호괘
    초 ──                              --    ┘
```

이 괘의 내호괘는 팔괘의 곤坤(☷)괘가 되고, 외호괘는 간艮(☶)괘가 된다. 이 두 개의 호괘로 괘를 만들면 산지박괘山地剝卦가 된다.

호괘는 「계사전」의 "만약에 물건을 섞는 것과 덕을 가리는 것, 옳고 그름을 분별하는 것은 (괘의) 가운데 효가 아니면 갖추지 못할 것

이다(어렵다)."16)라는 말에서 근거한 것이다. 이 말은 한 괘의 호괘를 통해서 그 괘의 성격과 재질才質을 해석할 수 있다는 것이다.

예를 들면 수뢰둔괘水雷屯卦의 육삼효사는 "사슴을 좇음에 몰이꾼이 없다. 오직 숲 속으로 들어감이니 군자는 기미를 알아 그치는 것만 못하니 가면 인색할 것이다."17)이다. 준괘의 상괘는 감坎(☵)괘 즉 물을 말하고, 하괘는 진震(☳)괘로 천둥·번개 등을 나타낸다. 그런데 괘의 육삼효사에는 '숲 속'이나 '그침' 등의 말이 나온다. 다시 말해 물이나 뇌성과 숲 속 내지는 그침은 서로 관계가 없는데 어떻게 이런 해석이 나온 것인가? 그것은 육삼효의 아래 2효와 위의 4효를 겸하여 내호괘를 만들면 간艮(☶)괘가 되는 데에서 연유한다. 즉 간괘는 산을 상징하고, 그침의 의미를 갖는다. 그러므로 수뢰준괘 육삼효사는 내호괘에 근거한 해석임을 알 수 있다.

3. 도전괘 · 착종괘 · 배합괘

1) 도전괘

도전괘는 괘를 반대편에서 본 것을 말한다. '도倒' 자는 '넘어지다'란 뜻이고, '전顚' 자 역시 '엎어지다'라는 의미이므로 '倒顚'은 뒤집거나 엎어진다는 말이 된다. 예를 들어 풍산점괘風山漸卦를 반대편에서 보면 뇌택귀매괘雷澤歸妹卦가 된다.

---

16) 「계사전」 하9장, "若夫雜物 撰德 辨是與非 則非其中爻 不備".
17) 「屯卦」 六三, "卽鹿无虞 惟入于林中 君子 幾 不如舍 往 吝".

그런데 괘를 뒤집어 봐도 역시 같은 괘도 있다. 이런 경우는 부도전 괘不倒顚卦라고 한다. 즉 괘를 바로 놓으나 뒤집어 놓으나 변함없이 똑같은 괘라는 말이다. 예를 들면 택풍대과괘澤風大過卦 같은 것이다.

풍산점괘	뇌택귀매괘	택풍대과괘
―	--	--
―	--	―
--	―	―
―	--	―
--	―	―
--	―	--

주역의 괘는 대부분 도전괘로 구성된다. 상경 30괘 가운데 24개 괘가 도전괘이고, 6개 괘는 부도전괘다. 하경은 34개 괘 가운데 32개 괘가 도전괘, 2개 괘는 부도전괘다.

도전괘는 같은 괘를 바로 보고 뒤집어본 차이일 뿐이므로 실상은 한 개 괘로 볼 수 있다. 따라서 상경은 도전괘 24의 절반인 12개와 부도전괘 6개 괘를 합하면 18개 괘, 하경도 32개 도전괘의 절반인 16개 괘에 부도전괘 2개를 합하면 18개 괘가 되는 셈이다. 이렇게 보면 주역은 64개 괘이지만 실은 36개 괘라고 할 수 있다.

도전괘는 상대방의 입장, 즉 3자적 입장에서 어떤 일이 진행되는 상황을 살피는데 유용하다.

2) 착종괘

한 괘의 상괘와 하괘의 위치를 바꾸어 만든 괘를 말한다. 예를 들면 지천태地天泰괘의 착종괘는 천지비天地否괘가 된다.

착종괘는 한 괘의 상괘와 하괘의 위치가 바뀔 경우 드러나는 상황을 파악할 때 유용하다.

地天泰	天地否
--	—
--	—
--	—
—	--
—	--
—	--

3) 배합괘

배합괘는 한 괘의 여섯 효를 모두 음과 양을 바꾸어서 만든 괘를 말한다. 예를 들면 중천건重天乾괘의 배합괘는 중지곤重地坤괘, 산뢰이山雷頤괘는 택풍대과澤風大過괘, 중수감重水坎괘는 중화리重火離괘, 풍택중부風澤中孚괘는 뇌산소과雷山小過괘가 되는 경우다.

중수감	중화리	산뢰이	택풍대과	풍택중부	뇌산소과
--	—	—	--	—	--
—	--	--	—	—	--
--	—	--	—	--	—
--	—	--	—	--	—
—	--	--	—	—	--
--	—	—	--	—	--

배합괘는 한 괘가 음과 양이 바뀐 상황을 살필 때 유용하다. 예를

들면 중천건괘重天乾卦는 여섯 효가 모두 양이어서 괘의 성질이 매우 강하게 나아가는 것을 나타낸다. 그런데 건괘의 배합괘는 중지곤괘重地坤卦로 모든 효가 음이어서 괘의 성질은 부드럽고 약하다는 의미가 있다. 그래서 건괘의 용구用九는 "뭇 용을 보되 앞장서서 머리로 나섬이 없으면 길하다."[18]라고 한다. 즉 본괘의 성질은 속으로 감추고 겉으로는 배합괘인 곤괘의 성질로 행동하여야 길하다고 한 것이다.

---

18) 「건괘」用九, "見群龍 无首 吉".

주효主爻

한 괘에서 중심이 되는 효를 주효라고 한다. 괘에서 주인처럼 중요한 역할을 담당한다고 하여 주사효主事爻라고도 한다. 괘가 갖는 의의와 성질을 잘 파악하기 위해서는 주효를 잘 판별하는 것이 필요하다.

주효의 판별은 ① 중을 얻은 효(득중得中한 효), ② 그 효로 인해서 괘의 뜻이 이루어진 효, ③ 괘에서 음효가 많은 때는 양효, ④ 괘에서 양효가 많을 때는 음효가 주효가 될 가능성이 많다. 즉 덕이 가장 크고, 때(시時)와 자리(위位)를 얻은 효가 주효가 된다.

1. 소성괘小成卦의 주효

1) 건乾괘와 곤坤괘

건(☰)괘는 양효, 곤(☷)괘는 음효로만 이루어졌으므로 중을 얻은 효, 즉 중간효인 2효가 주효가 된다.

2) 진震·감坎·간艮괘

　진(☳)·감(☵)·간(☶)괘는 양효 1개에 음효가 2개다. 즉 음효가 많고 양효가 적은 양의 성질을 가진 괘다. 양성의 괘이므로 양효가 주효가 된다.

　진괘의 경우 2개의 음효 아래서 한 개의 양효가 위로 나가려고 움직이는 모양이다. 그래서 진괘는 '아래서 위로 나가려는 움직임'의 뜻이 있다.

　감괘는 아래와 위의 두 개의 음효 사이에 한 개의 양효가 빠져 있는 모양이다. 그러므로 감괘는 '험함에 빠짐'을 상징한다.

　간괘는 아래 두 개의 음효 위에 한 개의 양효가 위치하고 있다. 양이 아래로부터 올라가다가 더 이상 나가지 못하고 그친 모양이다. 그러므로 간괘는 '멈춤'이라는 의미가 있는 것이다.

3) 손巽·이離·태兌괘

　손(☴)·이(☲)·태(☱)괘는 한 개의 음효와 두 개의 양효로 이루어져 음효가 주효가 된다.

　손괘는 하나의 음효가 두 개의 양효 아래 위치해 마치 음이 양의 아래로 들어온 모양이다. 양의 기운 아래에 약한 음의 기운이 움직이므로 바람을 나타낸다.

　이괘는 두 양효 사이에 음효가 걸려 있다. 걸려 있다는 의미가 있는 것이다. 그리고 이괘가 불을 상징하는 데는 상당한 사실성 있다. 실제로 불을 보면 겉은 뜨거운 양기이지만 불의 중심은 겉보다 온도가 낮다. 즉 불의 겉은 양기가 넘치지만 속은 겉보다 차갑다는 것은 음기가 차지하고 있다고 볼 수 있다. 그러니 이괘가 불을 상징함이 얼마나 과학적 표현인지를 알 수 있게 한다.

태괘는 두 양효 위에 한 음효가 위치해 기뻐하는 모습이기도 하고, 양효의 상승 작용과 밝아지려는 지혜를 막아서서 훼손하는 모양이기도 하다.

2. 대성괘大成卦의 주효

대성괘의 주효도 앞서 말한 네 가지의 경우를 기준으로 판별한다. 그러나 괘의 전체 상황을 보아야 한다. 대성괘의 주효는 두 개가 되는 경우도 있다.

(1) 중천건重天乾(䷀)괘와 같이 양효로만 이루어진 괘는 중을 얻은 구오효가 주효가 된다. 구이효도 중을 얻었으나 중천건괘는 하늘을 상징하는 괘이므로 높은 자리인 구오효가 중심이다. 그리고 구이효는 중은 얻었으나 양이 음의 자리에 위치했으므로 바름(正)을 얻지 못했다.

(2) 음으로만 이루어진 중지곤重地坤(䷁)괘는 중을 얻고 자리도 바른 육이효가 주효가 된다. 또 중지곤괘는 땅을 상징하는 괘이므로 낮은 곳에 있는 육이효가 주효가 되는 이유다. 육오효는 중을 얻기는 했지만 양의 자리에 음이 위치하므로 바른 자리가 아니다.

(3) 지뢰복地雷復(䷗)괘와 같이 맨 아래 양효 하나에 위로 음효가 다섯인 괘에서는 양효인 초구효가 주요가 된다. 복괘는 음의 기운이

성한 때에 양의 기운이 처음 시작돼 양의 의미가 중요시되는 시기임을 알 수 있다. 따라서 초구효가 중심이 되는 것이다. 산지박(䷖)괘도 음효가 다섯에 양효가 하나이므로 양효인 상구효가 주효다. 성한 음의 기운이 마지막 남은 하나의 양의 기운을 밀어내는 모양으로 '깨지고 부서짐'을 의미하기 때문이다.

(4) 화천대유火天大有(䷍)괘처럼 양효가 다섯에 음효가 하나인 괘는 음효인 육오효가 주효가 된다. 대유괘에서 육오효는 양의 자리에 음이 위치해 바른 자리는 아니지만 중을 얻은 데다, 다섯 양효가 모두 음효인 육오를 향해 모여들기 때문이다.

(5) 천화동인天火同人(䷌)괘의 경우는 상괘가 하늘괘인 건으로 양효가 셋이고, 하괘는 음효가 하나로 불을 상징하는 이괘다. 즉 양효 다섯에 음효가 하나이지만 주효는 육이효와 구오효 2개가 된다. 동인괘는 아래의 불이 위로 타 올라가서 하늘과 함께 한다는 의미를 갖고 있다. 그러므로 하늘괘인 건괘의 중심인 구오효와 불의 중심이 육이효가 각각 상괘와 하괘의 주효가 되는 것이다.

시時·위位·중中·정正·응應·비比·승承·승乘

1. 시時

주역은 시간과 공간으로 구성된 우주가 생성 변화하는 법칙을 괘상으로 나타낸 것이다. 그러므로 우리는 괘상을 보고 시간과 공간의 변화 상황을 읽어내야 한다. 이 시간과 공간의 변화 상황을 파악하여 길함과 흉함, 즉 얻음과 잃음을 추단할 수 있다.

그런데 길과 흉에 영향을 미치는 중요도는 시간이 더 크다. 왜냐하면 공간적인 상황에서는 혹시 흉함이 있더라도 바로잡을 수 있는 기회가 있다. 그러나 시간적인 상황은 다르다. 즉 때를 놓치면 다시 회복할 수 있는 기회가 없기 때문이다. 그래서 주역에서는 때를 아주 중요하게 여기는 것이다.

예를 들어 건乾괘 「문언전」에는 "하늘에 앞서 해도 하늘이 어기지 아니하며, 하늘을 뒤따라 해도 하늘의 때를 따른다."[19]라고 하고, 「계사전」에서는 "때를 기다려 움직이니 어찌 이롭지 않음이 있겠는가?"[20]라고 한다. 또 간艮괘 「단전」은 "움직이고 고요함에 때를 잃지 않으면

---

[19] 건괘 「문언전」, "先天而天弗違 後天而奉天時".
[20] 「계사전」 하5장, "待時而動 何不利之有".

그 도가 빛날 것이다."[21]라고 하고, 손巽괘·익益괘·소과小過괘의「단전」
은 "때와 함께 움직인다."[22]라고 한다. 이처럼 주역은 때를 강조하고
중요하게 여기고 있다.

2. 위位

주역을 구성하는 괘상·역수·괘효사의 3대 요소 가운데 괘상은 여
섯 개의 효로 이루어졌다. 이 여섯 효의 위치 또는 자리를 '위'라고
한다. 한 괘에서 효의 위치가 다르면 처지도 다르고 해결방법도 다
르다. 그래서 효를 설명하는 효사도 다르다.

괘의 효는 음양의 자리, 존귀하고 비천한 존비尊卑의 자리, 천天·
지地·인人 삼재三才의 자리 등 세 가지 유형이 있다.

1) 음양의 위

한 괘의 여섯 효 가운데 초·3·5효는 양의 자리이고, 2·4·상효는
음의 자리다. 양효가 양의 자리에 위치하고, 음효가 음의 자리에 위
치하면 당위當位·득위得位·정위正位·위정당位正當 등으로 부른다. 반
대로 양효가 음의 자리에 위치하고, 음의 효가 양의 자리에 있다면
부당위不當位·위부당位不當·실위失位·미득위未得位·비기위非其位 등으
로 부른다.

---

21)艮괘「단전」, "動靜不失其時 其道光名".
22)損괘·益괘·小過괘「단전」, "與時偕行".

효가 바른 자리를 얻지 못하면 길함보다는 흉함이 많다.

효의 자리를 음양으로 구분하는 것은 「계사전」에서 "하늘은 1, 땅은 2, 하늘은 3, 땅은 4, 하늘은 5······"[23]라고 한 데서 연유한다. 즉 하늘은 홀수로 양, 땅은 짝수로 음을 각각 배당한 것이다.

2) 존비의 위

한 괘의 여섯 효에서 초효부터 상효까지 효의 위치에 따라 사람의 등급을 달리 하는 것을 말한다. 예를 들면 초효는 원사元士, 2효는 대부大夫, 3효는 삼공三公, 4효는 제후諸侯, 5효는 국왕國王, 상효는 종묘宗廟 등으로 구분하는 것이다. 즉 효의 위치에 따라 귀천, 존비를 상징한 것이다.

효의 존비의 자리는 「계사전」의 "하늘은 높고 땅은 낮으니 건·곤이 결정된다. 높고 낮은 것을 늘어놓으니 귀천이 제자리가 있다."[24]라고 하고, 다시 "귀천을 나열하는 것은 그 위치에 있다."[25]라고 한 것에서 근거하는 것이다.

3) 삼재의 위

괘의 여섯 효 가운데 초효와 2효는 땅의 자리가 되고, 3효와 4효는 사람의 자리, 5효와 상효는 하늘의 자리가 된다.

괘를 삼재의 자리로 나누는 것은 3획 괘인 팔괘에서도 마찬가지

---

23) 「계사전」 하9장, "天一 地二 天三 地四 天五······".
24) 「계사전」 상1장, "天尊地卑 乾坤定矣 卑高以陳 貴賤位矣".
25) 「계사전」 상3장, "列貴賤者 存乎位".

다. 초효는 땅, 중효는 사람, 상효는 하늘을 상징한다.

「계사전」은 "역이라는 책은 매우 범위가 넓고 모든 것을 갖추고 있다. 천도가 있고, 인도가 있으며, 땅의 도도 있다. 삼재를 겸하고 그것을 음양으로 나누었다. 그러므로 6이다. 6이란 다름이 아니라 바로 삼재의 도이다."[26]라고 설명하고 있다. 또 「설괘전」은 "그러므로 하늘의 도를 세워 음과 양이라고 하며, 땅의 도를 세워 강과 유라고 하며, 사람의 도를 세워 인仁과 의義라고 한다. 삼재가 두 가지 성격을 갖추고 있기에 6위로써 한 괘가 이루어진다."[27]라고 한다.

3. 중中·정正

한 괘에서 아래 괘 또는 내괘의 중앙인 2효와 윗괘 또는 외괘의 중앙인 5효를 '중'이라고 한다.

'정'은 양효가 양의 자리에 있거나 음효가 음의 자리에 있을 경우를 말한다. 만일 양효가 음의 자리에 있거나 음효가 양의 자리에 있다면 '부정不正'이라고 말한다.

특히 중의 자리에 있는 효가 정을 얻으면 '중정中正'이라고 한다.

효가 중이면서 정이면 대길이 되고, 중이거나 정이면 길한 것으로 보고, 중도 아니고 정도 아니면 흉이 된다. 중과 정을 놓고 볼 때는

---

[26] 「계사전」 하10장, "易之爲書也 廣大悉備 有天道焉 有人道焉 有地道焉 兼三才而兩之 故六 六者非他也 三才之道也".

[27] 「설괘전」 2장, "是以立天之道曰陰與陽 立地之道曰柔與剛 立人之道曰仁與義 兼三才而兩之 故易六畫而成卦".

중이 정보다 더 중요하다. 중은 중용中庸의 미덕을 나타내기 때문이다.

정 --	부정 —	-- 정
정 — 중정·강건	부정 -- 중	— 정·중
정 --	부정 —	-- 정
정 —	부정 --	— 부정
정 — 중정·유순	부정 — 중	— 정·중
정 —	부정 --	— 정
水火旣濟卦	火水未濟卦	水雷屯卦

4. 응應·비比·승承·승乘

1) 응

 응은 감응한다는 뜻이다. 한 괘의 여섯 효 가운데 초효는 4효, 2효는 5효, 3효는 상효와 서로 대응한다. 서로 대응하는 효는 서로 음양이 다르면 끌어당기고, 음양이 같으면 배척한다. 이 때 서로 끌어당기는 것은 '정응正應'이라고 하며, 서로 배척하는 것은 '불응不應' 혹은 '적응敵應'이라고 한다.
 우주만물은 음과 양이 서로 감응하여 결합하여야만 비로소 생성변화를 이룰 수 있다. '응'은 '음양감응사상陰陽感應思想'에서 근거한 것이다.

2) 비

 '비比'는 '친하다'는 의미가 있다. 괘에서 이웃하는 효가 하나는 음이고, 다른 하나는 양일 경우 서로 끌어당기는 친한 사이가 된다. 이 것을 '비'라고 한다. 만일 이웃하는 효가 서로 음양이 같을 경우는 친하지 않게 돼 '비'가 되지 않는다.

3) 승承·승乘

'승承'은 '받든다'는 뜻이다. 한 괘의 서로 이웃하는 효에서 음효가 양효의 아래에 있는 것을 말한다. 반대로 양효가 아래에 있고 음효가 위에 있으면 '승乘'이라고 한다. '乘'은 '올라탄다'는 의미로 음효가 양효를 타고 있는 것을 말한다. 음효가 양효 아래에 있는 '承'은 순順하고, 음효가 양효를 타고 있는 '乘'은 거역한다는 '역逆'이 된다.

『역전』의 주요 내용
— 점占·철학哲學·과학科學

　본경 『역경』은 보통 사람들이 그 깊은 뜻을 이해하기가 매우 어렵다. 이렇게 난해한 『역경』을 처음으로 해설하여 일반인들이 주역을 공부할 수 있도록 도움을 주는 책이 『역전』이다. 일반적으로 『역전』은 『역경』을 의리義理와 철학적 입장에서 해석하여 '점치는 책'인 『역경』을 철학서로 전환시켰다고 평가된다.

　그런데 『역전』은 단순히 의리철학적 입장에서 설명하는데 그치는 것이 아니라 점이 고대의 미래예측 방법이며, 미래예측은 천문·지리·인사 등 종합적 지식을 바탕으로 하여 추론하는 과학적 방법임을 밝히고 있다.

　그리고 이런 일련의 과정에서 우주 즉 천지자연과 인간이 하나이기 때문에 천지자연의 근본이 무엇인가를 철학적으로 이해한 다음 이를 바탕으로 인간의 도리인 의리를 강조하는 것이다.

　따라서 여기서는 점에 관한 것, 과학적인 문제, 철학에 관한 것으로 나누어 설명한다.

1. 미래를 예측하는 것이 占이다

주역『계사전』은 "수를 지극히 헤아려 앞으로 다가올 것을 아는 것이 점이다."[28]라고 한다. 여기서 '수數'는 역수易數로서 천지자연이 생성 순환하는 규율을 파악할 수 있는 수, 즉 역수曆數를 말하는 것이다. 그리고 '지극히 헤아린다'는 것은 '온전히 파악한다' 또는 '세밀하게 이해한다'는 의미가 된다. 또 '올 것'이라는 말은 미래의 일, 곧 앞으로 일어날 일의 득과 실 혹은 이익과 해로움을 말하는 것이다.

정리하면 주역에서 말하는 '점'의 의미는 '천지자연이 생성 순환하는 규칙을 세밀하게 파악하여 이를 바탕으로 앞으로 일어날 길하고 흉한 일을 예측하는 것'이라고 할 수 있다.

2. 천天·천지자연天地自然·귀신鬼神·도道의 의미

'역수를 세밀하게 파악하는 방법'으로는 두 가지가 있다. 즉 시초를 헤아려서 괘를 만들어 이 괘를 보고 판단하는 법과 괘를 뽑지 않고 곧 바로 역수를 파악하여 판단하는 법의 두 종류다.

이때 앞의 방법은 괘를 뽑는 과정에서 '천' 또는 '천지자연' 혹은 '신'과 교감하는 과정이 필요하다. 다시 말해 어떤 사람이 미래의 일을 괘를 통해 알고자 할 경우에는 신에게 해답을 알려달라고 주문한 뒤에 괘를 뽑는 과정을 거쳐야 한다.

그러면 주역에서 말하는 천·천지자연·신·도는 어떻게 다른지 알

---

28)『계사전』상5장, "極數知來之謂占".

아보자.

1) 천天과 자연自然

동양철학에서 '천'은 아주 중요한 범주의 하나로서 두 가지 의미로 나누어볼 수 있다. 하나는 초자연적인 정신능력과 인격을 가진 하늘, 즉 상제上帝를 말하는 경우다. 다른 하나는 땅과 상대되는 하늘, 즉 천공天空을 말한다. 천공의 하늘은 해와 달과 별이 운행하며 천상天象의 변화와 천기天氣의 변화가 일어나는 자연현상自然現象 또는 자연존재自然存在를 말하는 경우다.

주역에서 말하는 '천'은 자연현상 내지는 자연존재로서의 하늘을 말한다.

주역 건乾괘 「단전」은 "크도다! 건의 원이여! 만물이 (건괘의 원을) 바탕으로 해서 시작된다. 이에 하늘을 거느린다."[29]라고 한다. 또 곤坤괘 「단전」은 "지극하도다! 곤의 원이여! 만물이 (곤의 원을) 바탕으로 생겨나니 이에 순순하게 하늘을 이어 받든다."[30]라고 한다. 또 「서괘전」에서는 "천지가 있은 연후에 만물이 있다."[31]라고 하며, 이離괘 「단전」은 "해와 달이 하늘에 붙어 있다."[32]라고 한다. 이는 모두 하늘을 자연존재로 보고 있는 예이다.

그런데 천은 땅을 상대로 한 천공의 하늘 뿐 아니라 지구인 땅도

---

29) 乾괘 「彖傳」, "大哉 乾元 萬物資始 乃通天".
30) 坤괘 「彖傳」, "地哉 坤元 萬物資生 乃順承天".
31) 「序卦傳」, "有天地然後有萬物".
32) 離괘 「彖傳」, "日月離乎天".

포함한다. 즉 지구에 사는 사람이 자신이 밟고 서 있는 땅에서 볼 때 하늘이 되지만 하늘 전체로는 지구도 하늘에 포함된 물체이기 때문이다.

정리하면 주역에서 말하는 천은 만물을 포함하는 자연현상 내지는 자연존재를 말한다. 그래서 천지자연 혹은 자연이라고도 한다. 그리고 천과 지를 구분할 경우의 천은 땅에 상대되는 의미지만 이 경우에도 천은 자연존재를 나타낸다.

주역周易의 천天은 신령神靈을 말하는 의미의 천과는 다르다.

2) 천지자연의 생성순환 규율 : 도道

'道'라는 말의 본래 의미는 '길'이다. 이것이 주역에서는 사람을 포함한 만물이 반드시 따라야 할 도리·원칙·규율 등으로 발전했다.

예를 들면 주역「계사전」은 "형상의 위를 도道라고 하며, 형상의 아래를 기器라고 한다."[33]거나 "하늘과 땅의 도는 항상 보여주는 것이고, 해와 달의 도는 항상 밝은 것이다."[34]라거나 또는 "역이라는 책은 넓고 커서 하늘의 도가 있고, 사람의 도가 있고, 땅의 도가 있다."[35]라고 말하고, 「설괘전」에서도 "하늘의 도를 세우는 것은 음과 양이고, 땅의 도를 세우는 것은 강과 유이며, 사람의 도를 세움은 인과 의다."[36]라고 말한다. 모두 도가 천지자연의 규율, 원칙, 도리의 뜻을 나타내고 있다.

---

33)「계사전」상12장, "形而上者謂之道 形而下者謂之器".
34)「계사전」하12장, "天地之道貞觀者也 日月之道貞明者也".
35)「계사전」하10장, "易之爲書也 廣大悉備 有天道焉 有人道焉 有地道焉".
36)「설괘전」2장, "立天之道曰陰與陽 立地之道曰柔與剛 立人之道曰仁與義".

그런데 천지자연의 도, 즉 천지의 생성 순환규율은 음과 양의 작용으로 이루어진다. 「계사전」은 "한 번 음이 작용하고 한 번 양이 작용하는 것을 도라고 한다."[37]라고 설명한다. 즉 음과 양이 서로 상대하면서 번갈아 작용하여 만물을 생성 순환하는 것을 도라고 한다는 말이다.

3) 신묘한 천지의 도 : 신神

주역에서는 신神 또는 귀신鬼神이라는 말이 자주 언급된다. 그런데 신이나 귀신을 일반적 개념의 신령神靈 혹은 정신작용精神作用과 관련된 것으로 이해하는 사람이 적지 않다. 그래서 주역을 미신迷信적인 것으로 단정하기 일쑤다. 그러나 주역에서의 신의 의미는 일반적인 신 개념과 다르다.

「계사전」은 "음과 양을 측량할 수 없는 것을 신이라고 한다."[38]라고 정의한다. 그런데 음과 양은 천지자연의 생성 순환을 담당하는 근본이다. 그리고 음과 양의 작용을 도 혹은 천지의 생성 순환 규율이라고 했다. 천지의 운행규율이 너무 신묘해서 그 진수를 깨우칠 수 없는 지경을 '신'이라고 하는 것이다. 그러므로 신의 특성은 일정한 방향과 장소가 없다.[39] 즉 신은 사람이 감지할 수는 있으나 볼 수 없는 것이다. 또 신은 어떤 일이 있기 전에 기미 내지 징조를 미리 알려준다.[40]

---

37) 「계사전」 상5장, "一陰一陽之謂道".
38) 「계사전」 상5장, "陰陽不測之謂神".
39) 「계사전」 상4장, "神无方而易无體".

다시 말해 천지의 운행 규율을 도라고 하고, 도는 음양의 변화로 나타나는 데, 그 음양의 변화는 질서가 있어서 사람이 측량하여 알 수 있으면 '이理'가 된다. 그리고 음양변화의 질서가 난해하여 측량할 수 없으면 '신'이라고 하는 것이다. 공자는 이것을 한마디로 "변화의 도를 아는 사람은 신이 하는 바를 알 것이다."[41]라고 정리한다.

따라서 사람의 탐구로 신묘한 천지의 도인 신의 질서를 밝히게 되면 신은 이치로 전환된다. 그리고 측량이 어려운 새로운 천지의 도가 발견되면 이것은 신이 되며, 사람들은 신의 정체를 밝혀내려고 탐구의 노력을 기울이게 되는 것이다.

그러면 신과 '귀鬼'의 차이는 어떤가? 앞서 천은 땅을 포함하여 천지를 말하기도 한다고 설명했다. 마찬가지로 신은 신과 귀를 포함하는 말이다. 또 이것을 구체적으로 구분하여 말할 때는 귀와 신을 합하여 '귀신'이라고 표현한다. 한 마디로 신은 그 성질이 양에 속하는 것을 일컬으며, 귀는 음에 속하는 것을 말한다.

3. 『주역』은 과학의 총결판

1) 과학적 자연연구 방법

『역경』은 인류의 발명품이 아니라 발견물이다. 천지자연을 관찰하고 경험을 거쳐서 천지의 운행규율을 알아내어 괘상이라는 부호

---

40) 「계사전」 하5장, "知幾 其神乎".
41) 「계사전」 상9장, "知變化之道 其知神之所爲乎".

로 적어놓은 것이 『주역』이기 때문이다.

우주에 존재하는 만물은 종류가 많고 다양하며 복잡하게 얽혀 있다. 이렇게 잡다한 만물이 어떻게 생겨나서 발전하고 소멸하는 지에 대한 이치, 즉 우주의 생성변화는 원리를 파악하기는 쉬운 일이 아니다. 따라서 역을 만든 성인은 복잡한 우주만상의 갈피를 잡아서 골자를 쉽게 파악하기 위한 방법을 아주 심각하게 연구하였을 것이다. 그 결과 우주만물은 8개의 유형으로 집약할 수 있다는 사실을 확인하고, 만물을 팔괘의 유형별로 분류한 것이다. 이것을 '취상비류取象比類'라고 한다. 즉 만물을 유형별로 비유하여 팔괘의 상象에 귀납시켰다는 의미다.

'귀납歸納'은 개별적인 특수한 사실이나 현상을 관찰하여 얻은 인식을 같은 부류部類의 전체에 대한 일반적 인식으로 결론을 이끌어가는 절차를 말한다. 즉 사람의 다양한 경험·실험·실천 등에 의한 결과를 일반화하는 사고방식이다. 이런 귀납적 추리의 방법과 절차를 논리적으로 체계화한 것이 귀납법이다. 서양에서 아리스토텔레스에 의해 시작된 귀납법은 경험적 자연과학이 발전한 17-18세기에 두드러지게 나타났다.

그런데 만물의 팔상적 분류, 즉 '취상비류'는 바로 귀납적 방법의 결과인 것이다. 「계사전」은 "복희가 옛날에 천하를 다스릴 때 우러러 하늘을 관찰하고, 굽혀 땅을 관찰하고, 새와 짐승의 무늬와 땅의 마땅함을 관찰하고, 가까이는 사람의 몸에서 취하고, 멀리는 물건에서 취하여 비로소 팔괘를 만들었다."[42]라고 말한다. 이것은 주역이 귀납적

---

42) 「계사전」 상2장, "古者包犧氏之王天下也 仰則觀象於天 俯則觀法於地 觀鳥獸之文與地

연구방법에 의해 나온 과학적 결과임을 입증하는 것이다. 「계사전」은 또 "성인이 천하의 잡다함을 보고서 그 형용을 모의하여 만물의 마땅함을 형상화했으니 이것이 상(팔괘의 상)이다."43)라고 한 뒤 다시 "(사물의 선과 악은) 같은 종류끼리 모이고, 만물은 무리를 지어 나뉜다."44)라고 말한다. 즉 성인이 잡다한 우주만물을 (팔괘의) 유형별로 귀납하였다는 것이다.

「계사전」에는 괘를 뽑는 방법을 설명하면서 1년 중에는 사시사철이 있고, 3년에 한 번씩 윤달이 들며, 5년에 다시 윤달이 한 번 더 있는 '5년 재윤' 등의 천문역법 내용이 언급된다. 이것은 당시에 이미 천문우주를 관찰하고 경험을 통하여 지구와 달의 공전주기가 서로 다르기 때문에 해와 달을 연계하여 역법을 만들 경우 윤달을 두어야 한다는 이치를 발견한 것이다. 두 말할 것도 없는 천문과학이다.

『역전』은 이와 같이 주역이 관찰과 경험을 통하여 천문, 지리, 인사에 관한 보편율을 찾아내고, 이를 바탕으로 추리와 연역을 통해 천지자연의 법칙을 밝힌 책임을 설명하고 있다.

2) 놀라운 과학 원리

주역은 천지자연의 운행법칙이기 때문에 전체가 모두 과학적 결과물임은 말할 것도 없다. 다만 여기서 몇 가지 과학 원리를 들어본다.

건乾괘 「문언전」에는 "같은 소리는 서로 응하며, 같은 기운끼리는

之宜 近取諸身 遠取諸物 於是始作八卦".
43) 「계사전」 상8장, "聖人有以見天下之賾 而擬諸其形容 象其物宜 是故謂之象".
44) 「계사전」 상1장, "方以類聚 物以群分".

서로 구해서 물은 젖은 곳으로 흐르고, 불은 마른 곳으로 향한다."[45] 라는 설명이 있다. 여기서 '같은 소리는 서로 응한다'는 말은 현대과학에서는 '공명共鳴' 내지는 '공진共振'으로 표현된다. 공명은 예를 들어 진동소리가 같은 소리굽쇠를 접근시켜서 한쪽을 때리면 다른 쪽 소리굽쇠도 같이 울리는 것을 말한다. 즉 같은 주파수끼리는 공명한다는 이치가 공명원리인 것이다. '같은 기운끼리는 서로 구한다'는 말도 역시 과학적으로 증명되는 이치다.

동양의 우주관은 시간과 공간이 서로 불가분의 관계라고 본다. 앞서 괘 뽑는 방법에서 말한 바 있는 해와 달의 운동을 함께 고려해 역법을 운용하는 것을 예로 들어본다. 지구를 중심으로 할 때 해와 달이 서로 일직선이 되는 점에서 각자 운동을 시작했다고 가정한다면, 각자의 순환주기가 다르기 때문에 이들이 처음 운행을 시작한 점에 돌아오기까지는 일정한 시간이 필요하다. 이것은 주역의 시간은 공간을 함께 고려한 것임을 보여주는 것이다. 즉 주역의 시간은 천체가 운동하는 공간인 것이다.

그런데 서양의 시공관은 근세 19세기까지도 시간과 공간을 서로 관계가 없다고 생각했다. 뉴튼은 시간과 공간은 각자 독립된 것으로 외계와는 무관한 절대시공관을 주장했다. 이것을 깨고 시간과 공간이 서로 밀접한 관계가 있다는 주장을 한 것은 아인슈타인에 이르러서야 가능했다.

「설괘전」은 이처럼 시공일체관에 따라 진震괘는 봄을 나타내는 동방, 손巽괘는 봄과 여름 사이의 동남방, 이離괘는 여름을 나타내는

---

45) 건괘「문언전」, "同聲相應 同氣相求 水流濕 火就燥".

남방, 곤坤괘는 여름과 가을 사이의 서남방, 태兌괘는 가을의 서방, 건乾괘는 가을과 겨울 사이의 서북방, 감坎괘는 한 겨울의 북방, 간艮괘는 겨울과 봄 사이의 동서방으로 각각 분류하고 있는 것이다.

4. 철학적 문제들의 이해

『역전』이 설명하는 철학적 내용들을 알아보자. 동양에서는 전체 세계를 보는 시각을 우주관 또는 세계관이라고 표현한다. 우주관은 자연관, 사회역사관, 윤리관, 심미관, 과학관 등을 포괄한다. 이런 우주관에 관한 학문을 철학이라고 한다. 따라서 철학은 자연계와 인류사회, 인류의 사유와 발전에 관한 일반적 규율을 탐구하는 학문이라고 말할 수 있다.

그런데 『역전』은 우주의 기원과 구조, 생성 변화 등에 관한 문제를 비롯한 여러 방면에 대해 철학적 설명을 하고 있다.

1) 우주의 기원은 태극이다

「계사전」은 "역에 태극이 있어서 이것이 양의를 낳고, 양의가 사상을 낳으며, 사상이 팔괘를 낳고, 팔괘가 길흉을 정하고, 길흉이 대업을 낳는다."[46]라고 설명한다.

이것은 혼연일체의 상태인 태극에서 시작해 음과 양의 두 기운으로 갈라지고, 다시 사상으로 나뉘고, 이어 팔괘를 이루어 우주만물

---

46) 「계사전」 상11장, "易有太極 是生兩儀 兩儀生四象 四象生八卦 八卦定吉凶 吉凶生大業".

로 발전하는 것을 설명하는 것이다. 즉 우주의 기원은 태극에서 시작되며, 이것이 분화를 거쳐 우주만물을 이루었다 것이다.

2) 우주는 도道와 기器로 이루어졌다

「계사전」은 "형상의 위에 있는 것을 도道라 하고, 형상의 아래에 있는 것을 기器라고 한다."[47)]라고 말한다. 이것은 우주라는 존재는 유형의 물질적인 것과 무형의 도적 존재 두 종류로 나누어진다는 것을 말하는 것이다.

우주만물은 인간이 직접적이고 실질적으로 인식할 수 있는 물질로 구성돼 있다. 인간의 감각기관으로 지각이 가능한 만물은 생장소멸의 변화를 반복하는 특성을 가지고 있다. 그런데 우주만물이 존재하고 변화를 거듭하는 이면에는 인간의 감각기관으로는 직접 지각할 수 없는 내재적 본질과 법칙이 존재한다는 것이다. 이것을 일러 도라고 한다는 것이다. 즉 도는 천지자연의 고유한 규율을 말하는 것이다.

다시 말해 우주만물이라는 존재의 근본 원인을 도道라고 하며, 우주만물이라는 존재가 밖으로 나타나는 형식을 기器라고 하는 것이다. 서양 학문적 표현으로 형이상학과 형이하학인 것이다.

『역전』이후 역학에서는 우주존재의 근본을 태극으로 보고 우주본체에 관한 학설을 전개한다. 우주본체가 무엇인가에 대한 학설은 대표적으로 무위본론無爲本論, 이본론理本論, 심본론心本論, 기본론氣本

---

47) 「계사전」 상12장, "形而上者謂之道 形而下者謂之器".

論 등을 들 수 있다.

한나라 때 쓰여진 『역위』에서 비롯돼 위나라와 진나라 때의 왕필 등이 주장한 무위본론은 우주만물의 근본인 태극은 무형무상의 무극이라고 한다.

송대에 출현한 이본론은 우주만물의 근본을 음양변화의 도라고 주장한다.

역시 송대에 나타난 심본론은 심이 곧 태극이라고 한다.

기본론은 태극을 기로 보고 우주만물의 변화는 기에 의한 것이라고 한다.

3) 우주는 순환변화한다

우주만물은 변화 운동을 쉬지 않고 반복한다. 고정불변하는 정지된 존재가 아니다. 즉 우주만물은 순환변화의 형태로 존재하는 것이다.

「계사전」은 "해가 가면 달이 오고, 달이 가면 해가 와서 해와 달이 서로 밀치어 밝음이 생겨난다. 추운 것이 가면 더운 것이 오고, 더운 것이 가면 추운 것이 와서 춥고 더운 것이 서로 밀치어서 한 해가 이루어진다. 가는 것은 굽힘이요, 오는 것은 펴는 것이니 굽힘과 폄이 서로 감응하여 이로움이 생겨난다."[48]라고 밝히고 있다.

해와 달이 오고 가면서 하루, 한 달, 사계절, 한 해가 이루어지는 것은 모두 자연의 떳떳한 이치임을 강조하고 있다.

그런데 이렇게 자연은 운동 변화는 일정한 규율이 있어서 그 규율

---

48) 「계사전」 하5장, "日往則月來 月往則日來 日月相推而明生焉 寒往則暑來 暑往則寒來 寒暑相推而歲生焉 往者屈也 來者信也 屈信相感而利生焉".

에 따라 순환을 반복하는 것이다. '한 번은 음이 작용하고 한 번은 양이 작용하는 것을 일러 도라고 한다'는 「계사전」의 말이 그것을 나타낸다.

4) 천지자연과 인간은 합일한다

주역은 사람이 천지자연과 합일한다고 본다. 천지만물은 태극이라는 우주의 본원에서 출발하였기에 천지자연과 사람 또한 근원을 같이 한다는 것이다. 천지자연과 사람이 합일할 수 있기에 사람은 천지자연의 운행규율의 지배를 받을 수밖에 없다. 그렇기 때문에 역의 의리를 강조하는 쪽에서는 사람은 천지자연의 도를 본받아서 인의덕행을 실천해야 함을 강조한다. 건괘 「상전」은 "하늘의 운행이 굳건하니 군자가 본받아서 스스로 굳세어 쉬지 않는다."[49]라고 하고 곤괘 「상전」은 "땅의 형세가 곤이니 군자가 본받아서 두터운 덕으로 만물을 싣는다."[50]라고 설명한다.

천지와 사람이 합일할 수 있기 때문에 하늘과 사람은 기운이 서로 통할 수 있다. 즉 '같은 기운은 서로 구한다'는 말이 그것이다. 이 때문에 사람은 어려운 일이 닥쳤을 때 하늘에 해결의 방도를 구하는 근거가 성립되는 것이다.

특히 한의학에서는 천지자연의 대우주와 소우주인 사람은 같은 정보를 가지고 있는 것으로 보고 우주의 보편규율인 역의 원리를 인체에 적용하여 질병의 예방과 치료에 활용하고 있는 것이다.

---

49) 건괘 「상전」, "天行健 君子 以 自强不息".
50) 곤괘 「상전」, "地勢坤 君子 以 厚德載物".

대우주와 소우주가 같은 정보를 소유하고 있다는 논리를 '우주전식론宇宙全息論'이라고 표현한다. 우주전식론은 현대 과학으로도 이해가 가능한 과학적 원리이기도 하다. 현대 과학에서는 어떤 물체의 원자는 본체의 정보를 모두 가지고 있다는 것이 밝혀졌다. 그렇기 때문에 의학적으로 세포를 통한 생명의 복제가 가능하고, 줄기세포를 이용해 질병을 치료하는 방법이 가능한 것이다.

즉 천인합일론은 철학적 명제일 뿐 아니라 과학적 진리이기도 한 것이다.

시時·공空의 우주와 주역의 상象·수數

1. 시간과 공간으로 이루진 우주

일반적으로 사람들은 '우주宇宙'라고 하면 넓고 빈 공간의 하늘이라고만 생각한다. 그러나 '우주'라고 할 때 '우'는 공간을 말하고, '주'는 시간을 나타낸다. 곧 '우주'는 공간과 시간으로 이루어진 것이다.

옛 사람들은 이미 우주가 시간과 공간으로 구성됐음을 알았다. 중국 전국시대의 『시자尸子』라는 책에서 "하늘과 땅 그리고 동서남북의 방향을 일컬어 '우'라고 하고, 옛것은 가고 새로운 것이 오는 것을 '주'라고 한다."51)라고 했다. 또 중국 전한前漢의 회남왕淮南王 유안劉安이 편찬한 『회남자淮南子』 「제속훈齊俗訓」에도 "옛날부터 지금까지를 '주'라 하고 사방 상하를 '우'라고 한다."52)라고 했다.

우주에는 해와 달, 그리고 많은 별은 물론 지구와 지구에 존재하는 생명체 등 만물이 존재한다. 그래서 '우주만물'이라고 표현한다. 우주만물은 곧 '자연'을 말하고 '천지자연' 또는 '천지만물'이라고도 한다.

---

51) 朱海雷 撰, 『尸子』 下卷, 中國 上海古籍出版社, 2006, 47쪽. "天地四方曰宇 往古來今曰宙".
52) 劉安 撰, 吳廣平 劉文生 譯, 『白話淮南子』, 岳麓書社, 1998, 284쪽. "往古今來謂之宙 四方上下謂之宇".

그런데 자연으로 표현되는 우주만물이라고 하면 어떤 형태를 갖고 공간에 존재하는 물체로만 생각하기 쉽다. 물론 만물은 공간을 차지하고 존재하는 공간성을 갖고 있다. 그리고 다른 한편으로는 만물은 잠시도 머물러 있지 않고 변화한다. 이 변화한다는 것은 시간의 흐름을 말한다. 예를 들면 1년에는 봄·여름·가을·겨울 사계절이 있다. 즉 1년 중에는 사계절의 변화가 있다. 사계절의 변화에는 1년이라는 시간이 필요한 것이다. 또 어떤 사람이 태어나서 80살을 살았다고 하면, 그는 갓난아이·유년기·청년기·장년기·노년기 등의 변화과정을 거쳐서 일생이라는 시간을 마친 것이다.

정리하면 우주만물 또는 천지자연은 공간성과 변화라는 시간성을 동시에 가지고 있다.

2. 공간성의 괘상卦象과 시간성의 역수易數로 구성된 주역

일반적으로 주역 본경인 『역경』은 '괘상卦象'과 '역수易數', '계사繫辭'라고 하는 3가지로 구성된다고 한다. 그러나 실은 괘상이 가장 중심이 되고 중요한 부분이다. 왜냐하면 이 3가지 중에 역수는 표면상 드러나지 않고 괘상에 숨어 있으며 또 계사는 괘상에 대해 설명하는 말이기 때문이다.

그런데 괘상은 공간상에 그려진 그림이다. 그래서 본래는 '괘'라고 해야 할 것을 '상' 자를 더해서 '괘상'이라고 한다. 괘상은 우주만물의 공간성은 물론 변화하는 시간성도 내포하고 있다. 『역경』은 우주만물의 변화과정을 괘상을 통해 나타내기 때문이다. 그래서 주역

공부는 바로 괘상을 보고 만물의 변화과정을 읽어내는 공부라고 할 수 있다.

1) 괘상

'상象' 자에는 크게 두 가지 뜻이 있다. 하나는 꼴, 모양, '본떠서 모양을 그림'이라는 뜻이다. 이것은 겉으로 드러난 상像을 말한다. 다른 뜻으로는 징후, 조짐 등이 있다. 이것은 드러난 것을 나타내기 보다는 드러나지 않은 은밀한 것을 상징한다.

그렇다면『주역』에서 상의 의미도 두 가지로 나눠 생각해볼 수 있을 것이다. 우선 드러난 것으로서의 상에는 괘효상卦爻象을 꼽을 수 있다. 이것은 양(—)과 음(--)의 부호를 겹쳐서 만든 것으로 겉으로 모양이 드러나 공간성을 쉽게 확인할 수 있다.

이에 비해 드러나지 않은 상이 있다. 이것은 드러난 상, 다시 말해 괘상이나 효상을 통해 은밀하게 암시하는 상징을 말하는 것으로, 우주만물의 변화 법칙을 나타낸다.

2) 역수

『역경』의 괘상이 우주만물의 변화를 표현하기 때문에 괘상에는 시간이 내포돼있음을 알 수 있다. 시간을 나타내는 수를 역수曆數라고 한다. 뒤에 '괘상 만드는 법'에서 설명하겠지만 괘상을 만들기 위해서는 50개의 대나무 막대를 헤아려서 나오는 양의 수와 음의 수를 양의 효(—)와 음의 효(--)로 바꾸어서 표시한다. 즉 괘상을 만드는 과정에서 계산되는 수가 역수다.

정리하면 괘상은 역수의 계산을 통해서 만들어진 것이다. 따라서 괘상에는 역수가 숨어 있는 것이다. 즉 『역경』은 우주만물의 변화법칙을 공간성의 괘상을 통해 나타내고 있지만 괘상에는 변화를 나타내는 시간의 수가 포함돼 있다는 것이다.

3) 우주변화법칙을 괘상으로 표현한 이유

『역경』이 만들어졌던 고대에는 글이 없었기 때문에 글을 대신하는 부호 즉 상형문자가 괘상이라는 주장이 있다.

또 다른 이유는 설사 글이 있더라도 우주만물의 변화법칙을 제대로 설명하기엔 역부족이라는 것이다. 아주 복잡 다양한 우주만물의 변화법칙을 제대로 나타내기에는 '괘상'이 가장 적절하다는 것이다. 『역전』「계사전」에서 공자는 "글은 말의 뜻을 다 전하지 못하고, 말은 본래의 의미를 다 나타내지 못한다. 그렇다면 성인의 뜻을 볼 수 없다는 말인가?"라고 하면서 "성인은 상을 세워서 뜻을 다 표현하고, 괘를 만들어 진정과 거짓의 구분을 모두 표현했다."[53]라고 밝히고 있다.

4) 주역 해석의 2가지 방법

『역경』이 우주만물의 변화법칙을 괘상을 통해 표현하고, 괘상은 역수를 내포하고 있다면, 『역경』 해석 방법도 괘상을 통한 방법과 이면에 내재한 역수를 통한 방법이 있을 수 있을 것이다.

---

53) 「繫辭傳」 상12장, "子曰 書不盡言 言不盡意 然則聖人之意 其不可見乎 聖人立象以盡意 設卦以眞情僞".

특히 주역을 통해 미래를 예측할 경우에도 괘상에 의한 법과 역수에 의한 방법이 가능할 것이다.

그런데 괘상에 의한 방법은 괘를 뽑아야 한다. 이 경우 천지자연(신神)과 사람이 서로 하나가 되어 영적으로 기氣가 통(감통感通)하여야만 얻고자 하는 해답을 얻을 수 있다. 이에 비해 역수에 의한 예측은 우주변화의 법칙을 파악할 수 있는 역수를 제대로 계산하면 가능하다.

그리고 『역경』에서 말하는 수는 기수나 서수와 같은 일반적인 수가 아닌 시간과 공간을 함께 표현하는 특수한 수라는 점을 알아야 한다. 예를 들면 오행의 수에서 1과 6은 북쪽방향과 겨울이라는 시간, 2와 7은 남쪽과 여름, 3과 8은 동쪽과 봄, 4와 9는 서쪽과 가을, 5와 10은 중앙과, 계절과 계절의 전환기를 표현한다. 또 간지수干支數 역시 시간과 방위를 동시에 표현한다.

따라서 주역의 이해는 괘상과 역수, 특히 오행수와 간지수를 먼저 이해해야 된다.

역학의 갈래

역학은 전통적으로 '상수역학象數易學'과 '의리역학義理易學' 두 부류로 나눈다. 필자는 여기에 '응용역학應用易學'을 더하여 설명하고자 한다.

1. 상수역학

상수역학은 괘상과 역수를 중심으로 역의 이치를 탐구하는 것이다. 『역경』은 너무 심오해서 보통사람이 이해하기가 쉽지 않다. 공자가 그 깊은 이치를 해설하는 『역전』을 지은 다음에서야 후학들이 '아! 그런 이치가 있었구나!'라고 이해할 수 있었다. 이처럼 『역경』 해설서인 『역전』이 나오고 여기에 더하여 중국 한나라 때에 이르러 천문, 수학 등의 과학적 발견이 축적되면서 『역경』의 괘상과 역수를 탐구하여 역의 이치를 밝히는 학술이 성행하게 됐다. 즉 괘의 상象과 역수易數(또는 역수歷數)로 역의 이치를 탐구하는 학문이라는 뜻으로 '상수역학象數易學'이라는 이름이 붙여진 것이다.

한나라 초기부터 시작돼 성행한 상수역학은 역의 원리를 천문과 수학적 관점에서 설명하는 과학적 연구방법이다. 한대의 상수역학은 괘상卦象에다가 해·달·별과 같은 각각의 천체가 돌아가는 사이클

(운행도수運行度數)을 파악하여 일식과 월식 등 천체의 이변과 기상 변화와 물후物候(철이나 기후에 따라 변화하는 만물의 현상)를 예측하는데도 관심을 가졌다. 특히 당시에는 상수역학의 이 같은 미래예측 기능이 정치와 연관돼 천자가 하늘의 뜻을 따르면 하늘이 길조를 보이고, 하늘의 뜻을 거스르면 재앙을 내린다는 음양재이설陰陽災異說이 유행했다. 음양재이설은 하늘과 사람이 서로 감응한다는 천인상응설天人相應說에 근거한 것이다. 이 미래예측법은 뒤에 시중에서 운명을 점치는 점술로 전락하면서 인간의 자유의지를 존중하는 유가로부터 외면당하게 됐다.

2. 의리역학

'의리역학義理易學'은 『역경』의 괘명과 괘효사가 갖고 있는 올바른 뜻을 파악하여 인륜도덕과 우주철학적 관점에서 역의 이치를 연구하는 것이다.

다시 말해 의리역학은 역의 이치와 의미를 연구하는 데 있어서 상수역학처럼 괘상과 역수에 중점을 두기보다는 『역경』에 쓰여진 괘사와 효사를 해석하는 것에 중점을 두는 연구방법이다. 역사적으로는 한나라 때 성행한 상수역학이 너무 번잡스럽고 점에 치우치는 경향이 나타나자 이에 대한 반동으로 삼국시대 말기인 위나라와 진나라 시기부터 의리역학이 성행했다. 물론 한대 상수역이 출현하기 이전인 공자로부터 의리역학은 시작됐다.

의리역학에서는 인간이 살아가는 법칙은 천지자연의 운행법칙을 따라야 한다고 생각한다. 그렇다면 천지자연의 운행법칙을 먼저 이해하는 것이 필요한 것은 당연한 일이다. 그리하여 천지자연(우주)의 근원은 무엇인가와 같은 문제로부터 출발하여 우주 만물이 어떻게 태어나서 번성하고 소멸하는 과정을 반복할 수 있는지 등의 우주철학적 문제에 대한 해답을 찾으려고 하는 것이다.

그런 다음에 이 우주의 법칙을 사람이 살아가는 과정에 적용하는 문제를 이야기 한다. 이처럼 사람이 천지자연의 법칙을 따라야 하는 근거는 우주와 사람은 본래 하나라는 생각에 바탕을 둔 것이다. 즉 하늘과 사람이 하나라고 하는 말을 한자로 표현한 것이 이른바 '천인합일天人合一' 사상이다.

그런데 천인합일 사상이 나올 수 있는 근거는 바로 우주의 본원에 대한 질문의 해답에서 찾을 수 있다. 『주역』에서 우주의 본원은 태극이라고 보고, 태극에서 양의로 나뉘고, 양의가 다시 사상으로 나누어지고, 사상은 팔괘가 되고, 팔괘는 64괘가 되어 만물을 이룬다고 파악하고 있다. 그렇기 때문에 우주의 본원과 만물은 하나라는 논리가 성립되는 것이고, 만물의 하나인 사람은 당연히 우주와 동일하다는 주장이 나오는 것이다.

이와 같이 우주철학을 연구하고, 이를 바탕으로 인간이 살아가는 방법을 설명하는 것에 중점을 두는 역학을 의리역학이라고 하는 것이다.

3. 응용역학

응용역학은 『주역』의 철학적 사상을 바탕으로 하여 과학적 원리를 인류의 실생활에 응용하는 기술적인 분야라고 말할 수 있다. 역의 응용분야 중 대표적인 것이 의학이다. 동양의학은 『주역』의 원리를 이용해 인간의 질병을 예방하고, 치료하는 의술이다. 그래서 『주역』과 의술은 본래 그 근원이 같다는 의미의 '의역동원醫易同源'이란 말도 생겨난 것이다. 예컨대 한의학의 경전經典이라고 하는 『황제내경黃帝內經』은 『주역』의 음양오행론을 바탕으로 하고 있다.

물론 인간의 운명을 예측하는 점술도 응용역학에 포함된다. 『주역』은 천체의 운행 사이클을 꿰고 있으므로 당연히 천문기상학과도 밀접하다. 천체의 운행 과정은 수數로 파악할 수 있으므로 수학과도 관련이 있다. 한마디로 인류의 생활 전반에 역의 이치가 통하지 않은 곳은 없다. 그 이유는 앞의 상수역학과 의리역학을 설명하는 내용에서 말한 바와 같다.

4. 올바른 역학 방법

일반적으로 제도권 학계에서는 의리역학에 관심을 기울여 왔으며, 상수역학에는 관심이 적었다. 그러나 역에 대한 공부는 먼저 괘상卦象과 역수易數를 통해 천체의 운행과정 즉 우주자연의 순환 법칙을 이해하는 것이 필요하다. 그런 다음 이를 바탕으로 인륜도덕 등 인간의 올바른 삶의 기준을 밝힐 수 있는 것이다. 이렇게 역의 우주과학적 기본 원리와 철학을 이해한 다음에 인류의 실생활에 필요한 '응용역학'을 공부하는 것이 올바른 순서라고 할 수 있다.

역易을 제대로 이해하기 위해서는 이 세 분야를 모두 이해하는 것이 필요하다. 왜냐하면 역의 괘상과 역수는 점괘를 뽑아야만 얻을 수 있고, 괘상과 역수가 있은 다음에 이것의 이치를 밝히는 계사를 통해 의리철학을 논할 수 있기 때문이다. 이것은 공자의 역학에 대한 다음과 같은 인식에서 잘 확인할 수 있다.

공자는 『백서주역帛書周易』「요요要」편에서 "내가 백 번 점을 치면 칠십 번 적중했다. …… 역시 그 점을 따르는 경우도 많았다. 하지만 나는 역에서 점을 하여 복을 비는 성분은 버리고, 그것의 덕의德義만을 살필 뿐이다."[54]라고 한 뒤 다만 "점을 하여 점괘를 뽑는 시초蓍草의 책수策數에 통달하여야 수를 밝게 알아서 덕의에 도달할 수 있다. …… 점을 하여 수에 통달하지 못하면 즉 그 행위는 점치는 것에 그치고, 수에 밝지 못하면 덕의에 이를 수 없다."[55]라고 말한다.

공자의 이 말은 그가 역의 계사를 즐기고, 그 덕의를 살피고, 그 덕을 구하지만 복을 비는 행위는 버리고 따르지 않는다는 것이다. 그러나 점서占筮에 밝지 못하면 역수易數를 이해하지 못하고, 그러면 『주역』의 덕의를 밝게 알 수 없다는 것이다. 다시 말해 공자도 천도를 점치는 것을 근본으로 삼아 그 덕을 구하여 일을 행하는 것을 쓰임으로 삼았던 것이다.

이런 이유로 『주역』을 의리철학적으로 탐구하려면 먼저 점서의 원리에 정통해야 하는 것이다. 그런데 점서의 원리는 다름 아닌 괘상과 역수로 표현된 천문역법天文曆法이라는 사실을 알아야 한다. 즉

---

54) 『帛書周易』「要」, "吾百占而七十当 …… 亦必從其多者而已矣 易 我后亓祝卜矣 我觀亓德義耳也".
55) 『帛書周易』「要」, "幽贊而達乎數 明數而達乎德 …… 贊而不達乎數 則亓爲之巫 數而不達于德".

『역경』은 아직 과학적 지식이 오늘날처럼 진전되지 못한 상태에서 자연의 위력을 예측하여 이에 대비하고자 하는 데서 출현했지만, 그것은 천체운행을 관찰하여 얻은 당시로서는 고도의 과학적인 방법에서 탄생한 것이다. 다시 말해 점서의 원리는 천도의 운행규율이며, 천도의 규율은 천문역법으로 표현되는 것이다.

　정리하면『주역』이 점치기 위한 것이라도 천문역법의 원리에 의해 괘상을 뽑아야 하므로 천문역법을 먼저 이해해야 한다. 그리고『주역』을 의리철학적으로 논하더라도 천문역법의 원리를 알아야 한다. 그러므로『주역』에 대한 공부는 먼저 천문역법을 탐구하고, 이를 토대로 의리철학을 연구하여야 하는 것이 순서다. 그리고 역의 근본 원리인 천문역법과 사상적 기반이 되는 의리철학을 토대로 인류의 실생활에 필요한 각종 응용역학을 공부하는 것이 올바른 역학 방법이다.

　특히 근래에 와서 역을 실생활에 활용하는 응용역학에 대한 관심이 고조되고 있으나 이런 과학적 원리와 의리철학을 멀리하고 단순히 기술적으로만 접근하는 경향이 다분하다. 그런데 응용역학에서 자연과학적 원리의 이해가 부족하면 발전이 있을 수 없다. 즉 본바탕이 없이 응용은 불가능하다. 그리고 인륜도덕적 철학사상이 없으면 아무리 뛰어난 예측술을 가졌다 해도 그것은 끝내 우주와 인간에게 피해를 줄 것은 불을 보듯 명확한 일이다.

　한마디로 역학은 근본 원리인 천문역법 내지 천문과학을 바탕으로 의리철학사상을 밝히는 것이며, 이 두 가지를 토대로 인간의 실생활에 필요한 응용역학이 설 수 있다. 그리고 이 세 가지는 독립적으로 자리하기에는 완전하지 못하고 함께 연구될 때에 완전한 역학으로 성립될 수 있다.

『주역』과 천인합일사상

하늘과 사람이 하나로 일치하는 것을 '천인합일天人合一'이라고 하고, 이런 생각을 '천인합일사상天人合一思想'이라고 부른다. 하늘과 사람이 합일한다는 사상 내지 철학은 『주역』은 물론 더 나아가서 동양사상의 바탕에 항상 깔려있다.

여기서는 천인합일사상이 역학의 갈래에 따라서 드러나는 모습을 설명한다. 다시 말해 점을 칠 때와 철학적 입장, 그리고 과학적 측면으로 나누어서 살펴본다.

1. 점과 천인감응

천지자연에 대한 지식이 아직 부족했던 옛날은 물론 과학이 발달한 요즘도 사람은 살면서 절박한 상황에 닥치거나 불투명한 미래를 알고자 할 때 점을 치게 마련이다. 이 때 『주역』에 의한 방법으로 점을 치는 것을 '서점筮占' 또는 '주역점'이라고 한다고 했다.

주역점은 괘를 뽑아서 궁금한 내용의 해답을 얻는 방법이다. 그런데 주역점을 쳐서 신이 사람에게 궁금한 일의 해법을 알려주는 근거는 무엇인가? 그것은 바로 천지자연과 사람이 하나이기 때문에 천지자연인 신은 사람이 묻는 것에 답변을 한다는 논리가 성립하는 것이다. 다시 말해 주역점의 근거는 천인합일사상에 바탕을 두고 있는 것이다.

그런데 하늘인 신과 사람이 하나라고는 하지만 현실적으로는 한 몸은 아니고 기氣가 서로 통한다는 것이다. 신과 사람이 서로 통한다는 것은 서로 감통感通한다고 할 수 있다. 이것을 한자어로는 '천인감통天人感通' 또는 '천인감응天人感應'한다고 표현한다.

「계사전」에는 "역은 생각함도 없고 행함도 없이 고요하여 움직이지 않다가 느껴서 천하의 연고에 통한다."56)라고 말한다. 하늘과 사람이 서로 감응하게 되면 통하게 됨을 말하는 대목이다.

그리고 천인합일하기 때문에 하늘과 사람이 서로 감응하여 사람의 일을 하늘이 알려주는 매개 수단이 바로 점괘라고 할 수 있다. 그러므로 점괘는 하늘과 사람을 연결하는 소통의 수단인 셈이다.

2. 철학과 천인합일

앞서 『역경』이 본래 점치는 책이었지만 후에 우주철학과 인륜도덕의 관점에서 해석하는 '의리철학' 책으로 발전했다고 했다. 즉 인류가 자연계에 대한 발견과 지식을 축적하면서 『역경』이 우주만물의 생성변화법칙을 담고 있는 책임을 깨닫게 된 것이다. 그리고 사람은 이 우주만물의 생성 변화법칙에 따라야만 안전하고 행복한 삶을 얻을 수 있음을 오랜 경험을 통해 간파한 것이다. 이처럼 사람이

---

56) 「계사전」 상10장, "易 无思也无爲也 寂然不動 感而遂通天下之故".

자연의 법칙에 따라야 되는 이유도 바로 자연과 사람이 하나이기 때문에 그런 것이다. 그래서 '하늘의 도리에 따르는 사람은 흥하고, 하늘의 도리를 어기는 자는 망한다'고 하는 것이다.

사람이 천지자연과 일치하는 근거는 우주철학적으로 설명하면 바로 태극설로 이어진다. 즉 태극설은 우주만물의 본원을 태극으로 보기 때문이다. 만물이 태극에서 나온 것이므로 만물의 일원인 사람도 태극에 귀속된다. 따라서 사람은 우주의 법칙에 따라 살아야 함은 당연한 일이 아닐 수 없다.

원론편

주역의 원리를 나타내는 부호

1. 음양陰陽

1) 음양의 보편적 의미

보통 '양陽'이라고 하면 빛을 일컫고 '음陰'은 그림자 내지는 그늘을 말한다. 밝음과 어두움, 낮과 밤, 태양과 달도 양과 음의 관계다. 또 강하고 힘 센 것은 양이라고 보고, 약하고 부드러운 것은 음이라고 본다. 사람이나 동물에서는 남자와 여자, 암놈과 수놈의 관계가 양과 음의 관계가 된다. 식물도 양성과 음성의 종류로 구분된다.

우주만물은 태극에서 시작되는데, 태극이 처음 둘로 갈라진 것이 음과 양이라고 했으니 하늘과 땅을 비롯하여 모든 사물이 음과 양이 아닌 것이 없다.

2) 음양의 성질

음과 양은 성질이 서로 다르다. 양은 밝음, 따뜻함, 강함, 밖으로 확산됨, 살아있음 등의 의미가 있다. 반면에 음은 어두움, 추움, 약함, 안으로 응축됨, 죽음 등을 의미한다.

1년을 예로 들어 보자. 태양이 지구의 남쪽 회귀선에 이른 것을 동지라고 하고, 동지점에서 북상을 시작해 적도지점에 이르면 춘분이 되고, 북회귀선에 이르게 되면 하지라고 한다. 그리하여 동지부터 하지 사이에는 봄과 여름이 있다. 봄과 여름은 따뜻하여 얼었던 대지가 녹아서 초목이 새싹을 틔워 무성하게 자란다. 곧 따뜻함, 밖으로 피어남, 생명의 의미를 확인할 수 있다.

반면에 하지를 지나 태양이 적도점까지 내려가면 추분, 더 내려가서 남회귀선에 이르면 동지가 된다. 그러므로 태양이 하지점을 지나 동지점에 이르는 사이에는 가을과 겨울이 위치한다. 가을과 겨울에는 기온이 떨어지기 시작하고, 초목이 성장을 멈추고, 마침내는 한 해의 삶을 마감한다. 그리고 다시 동지가 지나야만 새로운 생명을 싹틔우게 된다. 차가움, 안으로 응축됨, 죽음의 의미가 드러난다.

그런데 음과 양은 같은 성분끼리는 친하지 않고, 다른 성분 즉 음과 양은 서로 친하고 끌어당기는 성질이 있다. 암컷과 수컷이 사귀고, 남자와 여자가 사랑하는 것이 그 예가 된다.

3) 철학적 의미

음양의 원리 내지는 이치를 알면 주역의 핵심을 꿰뚫었다고 할 수 있다. 우주만물이 생성 변화하는 과정을 표현 것이 주역이라고 했고, 태극에서 처음 둘로 분화한 것이 '양의' 또는 '음양'이라고 했다. 그러므로 음과 양은 만물 생성과정의 처음 시작이라고 할 수 있다. 이 천지음양이 처음 서로 사귀어 만물이 태어난다. 처음 생성된 만물은 생장을 거쳐 소멸하고 다시 생성·생장·소멸의 과정을 반복하여 순환한다. 이 모든 것이 음양의 작용과정이다. 이 때문에 주역 공부에서는 음양의 이치를 이해하는 것이 중요한 것이다.

우주 곧 천지자연의 가장 큰 덕목은 만물을 낳는 것이다. 한 번만 낳고 끝나는 것이 아니라 쉬지 않고 계속하여 낳고 또 낳는 것이다. 「계사전」에서는 "천지의 가장 큰 덕은 (만물을) 낳는 것이다."[1]라고 한 뒤 "낳고 낳는 것을 역이라고 한다."[2]라고 밝히고 있다. 이 말은 '천지가 만물을 낳는 것'과 '이것을 순환 반복하는 과정'의 두 가지로 요약할 수 있다.

그런데 이 두 과정이 음양의 작용에 의한 것이라고 했으니, 음양의 작용도 '낳는 것'과 '순환하는 것'으로 나누어질 것은 분명하다. 즉 낳는 것은 음양이 마주하고 교감함으로써 가능하고, 순환하는 것은 음양이 자라고 소멸하는 과정으로 설명할 수 있다.

다시 말해 '마주하고 교감하는 것'은 공간적인 부분으로, '생장 소멸하는 것'은 시간적인 부분으로 구분되는 것이다. 앞에서 알아본 바와 같이 우주는 시간과 공간으로 이루어졌기 때문에 이와 같이 구분될 수밖에 없는 것이다. 물론 두 과정이 따로따로 구분되어 일어나는 것이 아니라 동시에 진행되는 것이다. 단지 우리가 우주의 생성 소멸 순환과정을 이해하기 위해서 편의상 그렇게 구분하여 이해하는 것뿐이다.

(1) 공간성의 음양

음과 양은 서로 마주하면서 교감交感(감응感應이라고도 함)이 이루어

---

1) 「계사전」 하1장, "天地之大德曰生".
2) 「계사전」 상5장, "生生之謂易".

져야만 만물을 낳을 수 있다. 하늘과 땅의 관계나 남자와 여자의 관계가 그런 것과 같다. 음과 양은 서로 반대되는 성질이기 때문에 마주하게 된다. 대대對待·대립對立·대치對峙·상대相對·강유剛柔 등의 말이 음과 양의 상반성相反性을 나타내는 것이다.

음과 양은 이렇게 서로 반대의 입장이지만 상호 교감하여 만물을 낳고 이루어주는 성질도 있다. 이것을 상보성相補性 또는 상성성相成性이라고 표현하다. 즉 공간성의 음양은 '상반'하면서 '상성'하는 성질이 있다. 주역에서는 이것을 음양의 '상반상성相反相成원리'라고 한다.

그런데 음양은 조화와 균형을 이루어야만 만물이 안정되고 평화가 유지된다. 이것이 깨지면 이른바 '흉'하게 되는 것이다. 즉 음과 양이 서로 조화와 균형을 이룰 때 만물은 '길'함을 얻고, 그렇지 못하면 '불길' 내지는 '흉'함에 직면하게 된다.

기후를 예로 들면 1년 중에서 더운 양의 기운과 시원한 음의 기운이 반반씩인 봄과 가을은 좋은 계절이지만 양기가 절정인 한여름과 음기가 극에 달한 한겨울은 모두 꺼리는 계절이다. 음과 양이 균형과 조화를 잃었기 때문이다. 사람의 경우에도 성격이 지나치게 과격하거나 너무 소극적이어도 문제가 된다. 강함과 유함이 균형을 잃지 않고 조화로운 사람이 대인관계는 물론 자신의 건강에도 유리하다.

(2) 시간성의 음양

음과 양은 마주하고 감응하면서 만물을 낳을 뿐만 아니라, 자라서 죽고 다시 태어나는 순환과정을 계속적으로 반복한다. 즉 1년을 예로 들면 양의 기운이 시작되는 봄에는 초목이 싹을 틔우고, 양의 기운이 절정인 여름에는 무성하게 자란다. 이후 음의 기운이 시작되는 가을에는 성장을 멈추고 결실을 시작하며, 음기가 절정인 겨울에는 죽음 속에서 다음 출생을 준비한다. 그리고 다시 봄이 오면 새싹을 틔우게 된다. 다시 말해 양의 기운이 절정에 이르면 음의 기운이 대체하고, 음의 기운이 극에 이르면 양의 기운이 이어받는다. 그러면서 생장과 소멸을 반복하는 것이다. 즉 음양은 소장순환消長循環을 반복하는 성질이 있다. 이것은 '만물은 극에 달하면 반드시 역으로 되돌아온다'는 말과도 같다. 곧 음양은 '물극필반物極必反'의 원리가 있는 것이다.

4) 역학적 결론

주역에서 '역易'이라는 말에는 세 가지 의미가 있다. '역'은 그 이치가 간단명료하여 알기 쉽다는 의미의 이간易簡과 우주의 삼라만상은 한 순간도 변하지 않음이 없다는 뜻의 변역變易, 그리고 우주변화 법칙은 절대 변하지 않는 진리로서 항상성을 갖는다는 불역不易이 그것이다. 그런데 역의 세 가지 의미 중에 핵심은 '변역'이라고 할 수 있다. 왜냐하면 우주가 생성 소멸하는 과정(이것은 우주변화의 이치로 '변역'이라고 함)을 압축하여 설명하는 것이 주역이기 때문이다.

그리고 변역의 과정은 음양의 공간성인 '상반상성'과 시간성인 '소장순환'의 원리에 의해 이루어진다. 그러므로 변역의 원리를 보다 상세하게 나눠보면 공간성의 상반상성 원리는 음양이 서로 상대하면서 사귀는 '교역交易'에 의한 것이고, 시간성의 소장순환 원리는 '변역變易' 원리에 따른 것임을 알 수 있다. 송대의 주자朱子도 『주역본의周易本義』라는 책에서 역에는 교역交易과 변역變易의 뜻이 있다고

설명하고 있다.[3]

정리하면 천지자연의 가장 큰 덕은 만물을 낳는 것이고, 이 천지자연의 큰 덕을 계속 이어가는 것이 천지자연의 순환과정이며, 이것은 음양의 상반상성과 소장순환에 의해 이루어진다. 천지자연의 순환과정을 한마디로 '도道'라고 표현하기 때문에 한번은 음이 작용하고, 한번은 양이 작용함으로써 천지의 도는 이루어진다고 말하는 것이다. 「계사전」에도 "한번 음이 작용하고, 한번은 양이 작용하는 것을 도라고 한다."[4]라고 밝히고 있다.

2. 오행

1) 오행의 의미

주역은 우주만물을 목木·화火·토土·금金·수水 다섯 가지 유형으로 분류한다. 이 다섯 가지 유형의 목·화·토·금·수를 오행五行이라고 한다. 오행은 단순하게 만물을 분류하기 위한 것이 아니다. 만물은 오행의 작용에 의해 생성되고 소멸한다. 즉 우주 변화의 순환과정이 오행의 작용으로 설명되고, 파악될 수 있다.

오행의 '行' 자는 '척彳' 자와 '촉亍' 자로 구성된 것이다. 여기서 '彳' 자는 '다리에 힘이 없어 가볍게 절며 걷는다는 의미 즉 자촉거린다'는 뜻이고, '亍' 자는 '한 발을 들고 한 발로만 걷는다는 의미의 앙감질하다'는 뜻이다. 즉 사람이 자촉거리며 앙감질한다는 것은 평

---

[3] "其卦本伏羲所作有交易變易之義".
[4] 「계사전」 상 5장. "一陰一陽之謂道".

탄하지 못하고 뒤뚱거리며 일진일퇴하는 모습을 보여주는 것이다. 그러므로 '行' 자는 가고(왕往) 온다(래來)는 뜻을 담고 있다. 이런 예는 '은행銀行'이란 단어에서 쉽게 확인할 수 있다. 은행은 돈(은자銀子)이 들락날락하는 곳을 말한다. 돈이 오가는 곳이다. 우리나라에 신문물이 들어오면서 서양 물건을 들여다 판매하는 가게에 '양행洋行'이라는 이름을 붙인 경우가 많았다. 즉 양행은 수입물건을 판매하는 곳이란 뜻인 것이다.

따라서 오행은 다섯 부류로 분류되는 우주만물이 일진일퇴 즉 왕래순환하며 변화하는 과정을 설명하는 상징적이고도 함축적 의미를 담은 말이라고 할 수 있다.

이런 오행은 사람이 창조한 것이 아니라 우주가 변화하는 모습 즉 변화의 상을 관찰하고 경험하여 얻은 결과물이기 때문에 우주 변화의 순환 이치를 담고 있는 것이다.

그렇기 때문에 오행은 만물의 형태(물상物象)를 분류하기도 하고, 물상을 성질별로 묶기도 하며, 만물을 이루는 기운의 유형을 표시하기도 한다.

오행별 특성을 살펴보자. 오행에 대한 아래 설명은 일부분일 뿐이며 그 특성은 같은 이치로 무한히 추연할 수 있다.

(1) 목

목木이라고 하면 단순히 나무를 말하지만 생명이 피어나서 쭉쭉 하늘을 향해 뻗어가며 자라는 성질을 나타내기도 한다. 또 싹을 틔우고 자라나는 생명의 기운을 목의 기운이라고도 한다. 1년 중에 생명이 싹트는 계절은 봄이기 때문에 봄을 오행 중에 목으로 구분한다. 생명이 활동을 시작할 수 있으려면 따뜻한 기운이 있어야 하는데, 온기는 태양이 비춰야만 유지되므로 아침에 태양이 처음 솟아오르는 동쪽을 목의 방향으로 판단한다. 봄의 색은 푸르다. 그래서 목의 색은 청색이다.

(2) 화

목의 특성과 같은 이치로 싹을 틔워 자라난 생명은 성장하게 되면 무성함을 자랑하고 꽃을 피우게 되는데, 이때는 한 여름이며 무더운 철이다. 이글거리는 태양은 불꽃과 같아 염천炎天이라고 할 정도다. 한낮의 해는 남쪽에 위치하므로 남방이 화火의 방향이 된다. 물상으로는 불을 말하지만 불의 성질과, 염천의 기운 등이 오행의 화로 분류된다. 꽃의 색이나 불은 붉다. 따라서 화의 색은 적색이 된다. 불이 타오르는 모습이나 퍼져나오는 열기 등에서 기운의 확산을 느낄 수 있다. 즉 화는 기운의 분산작용을 의미한다.

(3) 토

토土는 흙을 말한다. 초목은 땅에 뿌리를 박고 지탱하며 자란다. 사람도 땅을 밟고 생명을 유지한다. 땅은 사시사철과 사방의 중심에서 치우침 없이 자애로움과 포용력으로 만물을 받아들이고 보호한다. 이런 물상은 물론 그 성질과 기운 모두 토에 해당한다. 땅의 색은 누르다. 즉 황색이다. 그래서 토는 중화성中和性을 갖는다.

(4) 금

금金은 쇠붙이다. 차갑고 예리하여 살기가 느껴진다. 1년 가운데 이런 기운을 나타내는 때는 가을이다. 무성하게 자라서 꽃을 피운 초목은 열매를 맺어 다음 세대를 준비한다. 한 세대를 마무리하는 계절이다. 가을에는 결실의 계절이기는 하지만 점점 온기는 물러가고 한기가 닥치면서 생명이 위축된다. 해가 서쪽으로 기울고 있는 것이다. 이것을 금으로 분류한다. 쇠붙이의 색은 백색이다.

(5) 수

수水는 물이다. 물은 응축하려는 성질이 있다. 물이 따뜻한 기운에서는 수증기가 된다. 그러나 기온이 낮으면 엉겨서 물이 된다. 기온이 더 떨어지면 단단한 얼음이 된다. 겨울인 것이다. 겨울엔 생명이 죽음을 맞이하고, 설사 살아 있어도 속으로 생명의 기운을 감춘 채 동면에 들어간다. 하루 중에 해가 진 다음의 밤이고, 어두움이다. 이런 유형은 수에 해당한다. 어두움은 검은 것으로 표현한다. 남쪽은 따뜻하지만 북쪽은 춥다. 그래서 수는 북쪽에 해당한다.

2) 음양과 오행의 관계

태극이 천지 음양으로 갈라지고, 다시 4상으로 나뉘고, 8괘로 분화돼 만물을 이룬다고 했다. 즉 만물은 태극에서 2배수로 분화되는 것으로 설명됐는데, 오행은 어떻게 나온 것인가?

태극, 양의, 사상, 팔괘의 순서로 만물의 발전을 설명하는 것은 일반적으로 드러난 현상에 대한 설명이라고 할 수 있다. 만물은 태극으로부터 이와 같은 단계를 거쳐 발전하지만, 각각의 만물은 각자 태극을 포함하고 있다. 그렇기 때문에 만물을 포함한 우주를 대우주라고 하고, 사람을 포함한 각각의 만물은 소우주라고 하는 것이다.
'만물각구일태극萬物各具一太極' 내지는 '태일분수太一分殊'라는 말이 그 설명이다.

태극이 음양으로 분화하는 과정은 '태극이 양의를 낳는다'로 표현할 수 있으나 그 과정에는 태극이 개재하고 있는 것이다. 즉 "무극이 태극이고, 태극이 움직여 양을 낳고, 그 움직임이 극에 이르면 고요해지며, 고요함은 음을 낳고, 고요함이 극에 이르면 다시 움직인다. '한번 움직이고 한번 고요함(일동일정一動一靜)'은 서로 그 뿌리가 된다. 음과 양이 나뉘어 양의가 선다."라고 주자周子[5]는 말했다. 즉 양이 되게 하고 음이 되게 하는 것은 태극이 그렇게 되도록 하는 것이다. 다시 말해 태극에서 음과 양이 나누어지지만 그렇게 되는 이면에는 태극의 이치가 작용하고 있는 것이다.

그런데 음양이 나뉘어서 나온 4상은 1년으로 보면 4시를 말하는 것이다. 4시는 봄·여름·가을·겨울을 말한다. 이 4시 가운데 봄과 여름은 양이고, 가을과 겨울은 음이다. 이 1년 4시를 주재하는 태극이 역시 존재한다. 그래서 실제로 4시가 진행되는 과정은 봄의 목, 여름의 화, 가을의 금, 겨울의 수와 양에서 음으로 바뀌는 여름과 가을 사이에 토가 중재하기 위해 끼어든다. 이렇게 해서 목, 화, 토, 금, 수의 오행이 되는 것이다.

---

[5] 주자周子 : 본명은 주돈이周敦頤(1017~1073), 자는 무숙茂叔, 호는 염계濂溪, 중국 송나라 때 호남성湖南省 도영현道營縣 출생. 유학자로 도가사상의 영향을 받은 새로운 유교이론을 제시했다. 태극-음양-오행-남녀-만물의 순서로 세계가 이루어진다고 보았으며, 우주생성원리와 인간의 도덕원리가 같다는 생각 아래 도덕과 윤리를 강조했다. 『태극도설太極圖說』, 『통서通書』 등의 저서가 있음.

다시 말하면 겉보기엔 1년이 4시 4철로 구분되지만 구체적으로 속까지 들여다보면 4시 4철을 주관하는 중심이 있다는 것이다. 그 중심이 토라고 하는 것이다. 즉 형식적으로는 4상으로 드러나지만 (이것을 '체體'라고 함) 실제의 쓰임은 오행으로 작용하는 것이다(이것은 '용用'이라고 함).

3) 오행의 상생相生과 상극相剋

천지자연의 가장 큰 덕德은 만물을 낳아서 기르는 일을 쉬지 않고 반복하는 것이다. 이것을 「계사전」에서는 "천지대덕왈생天地大德曰生"이라고 말한다. 천지가 이렇게 만물을 낳아 기르는 일을 하는 과정과 이치를 압축적으로 설명하는 원리가 '오행의 상생과 상극'이다.

(1) 상생相生

목은 화를 낳고(木生火), 화는 토를 낳고(火生土), 토는 금을 낳고(土生金), 금은 물을 낳고(金生水), 물은 목을 낳고(水生木), 다시 목은 불을 낳는 순서를 반복하는 것을 상생이라고 한다. 즉 겨울 다음엔 봄이 오고, 봄 다음엔 여름이 되며, 여름에서 가을로 넘어가는 단계에는 계하季夏라고 하는 토가 자리하고, 토 다음에 가을이 오고, 가을의 금 다음에 겨울의 수가 자리한다. 수는 다시 봄을 낳는 것이다. 자연은 이렇게 상생의 순환을 반복하며 이어지는 것이다.

보통 상생관계에 대해서 나무, 불, 흙, 쇠, 물이라는 오행의 자연 형질을 빌어서 설명하면 다음과 같이 풀이할 수 있다.

나무는 불을 살린다(목생화). 불은 나무를 태워서 생명을 얻는다는 것이다.

불은 흙을 낳는다(화생토). 불이 타고 나면 재가 남는데, 재가 퇴적하여 흙이 된다는 것이다.

흙은 금을 낳는다(토생금). 흙이 퇴적하면 단단한 돌이 되고, 여기서 쇠가 나온다.

금은 물을 낳는다(금생수). 쇠는 차갑기 때문에 대기 중의 수증기는 쇠를 만나면 엉겨서 물이 된다.

물은 나무를 살린다(수생목). 초목은 물이 있어야만 살아갈 수 있다.

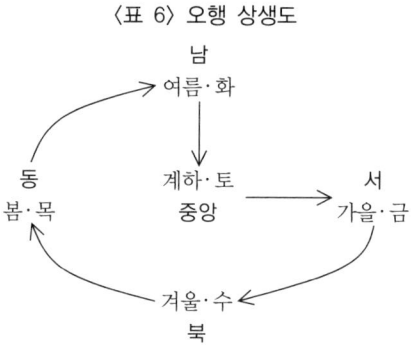

〈표 6〉 오행 상생도

그림에서와 같이 천지자연은 계절의 순환을 따라 만물이 낳고, 자라고, 결실하고, 동면하고, 다시 태어나는 과정을 반복하는 것이다.

(2) 상극相剋

계절의 순환이 이루어지기 위해서는 한 계절이 무한하게 계속되지 않고 일정한 정도에서 멈추고 다음 계절로 넘겨주는 미덕이 있어야 한다. 즉 계절의 순환을 가능하게 하는 작용을 설명하는 것이 '오행의 相剋'이다.

오행의 상극에 대해 목, 화, 토, 금, 수라는 자연형질을 빌어 설명하면 다음과 같다.

물은 불을 죽인다(수극화水剋火). 활활 타오르는 불에 물을 부으면 불이 꺼진다.

금은 나무를 죽인다(금극목金剋木). 나무에 쇠를 박으면 죽는다. 나무를 자르는 데는 쇠톱이 필요하다.

흙은 물을 죽인다(토극수土剋水). 물에 흙을 부으면 흙이 물을 흡수하여 물이 사라진다. 또 흐르는 물은 흙으로 둑을 쌓아 막는다.

불은 쇠를 녹인다(화극금火剋金). 아무리 단단한 쇠라도 불에 녹아버린다.

나무는 흙을 파괴한다(목극토木剋土). 나무가 흙에 뿌리를 박고 자라면서 흙을 갈라놓고 파고들고 하면서 흙을 이긴다.

오행의 상극과정은 가을의 금金기운은 봄의 목木기운을 제지하고(金克木), 겨울의 수水기운은 여름의 화火기운을 제지하고(水剋火), 목기운은 땅의 토土기운을 제지하고(목극토木剋土), 화기운은 금기운을 제지하고(화극금火克金), 다시 금기운은 목기운을 제지한다.

예를 들어 봄의 목기운이 무성하게 자라고 뻗어나가는 과정을 멈추지 않는다면 여름은 오지 않는다. 그러므로 가을의 성장을 멈추게 하는 기운이 봄의 무한 성장을 제지함으로써 여름이 올 수 있는 것이다. 마찬가지로 여름의 무덥고 확산하는 기운이 멈추지 않으면 가을이 올 수 없다. 물의 응축하는 기운이 화기를 멈추게 해야만 가을이 올 수 있다.

그런데 여기서 여름 다음에는 토가 오고 다음에 가을의 금이 오는 이유가 궁금할 것이다. 자연의 이치로 볼 때 여름은 불이고 가을은 금인데, 여름의 화기가 너무 치열하면 가을의 금기가 녹아버릴 수 있다. 즉 금기운의 가을이 화기의 여름을 직접 감당하기 어렵기 때문에 화기를 줄여서 안전하게 금기에게 넘겨주는 역할을 토가 담당하는 것이다. 이것을 음양론의 추상적 설명으로는 봄과 여름의 양과 가을과 겨울의 음을 경계 짓는 기준선에 토가 있게 된 것이라고 말한다. 이것이 계하라고 하는 것이다.

여기서 '삼복三伏더위'를 예로 들어보자. 1년 중에 하늘에서 양의 기운이 최고에 달하는 때는 하지다. 즉 하늘의 한여름은 하지라고 할 수 있다. 그러나 땅에서 한여름은 하지부터 한 달 뒤가 된다. 그 이유는 땅은 쉽게 데워지지 않고 서서히 달아오르기 때문에 태양이 지구의 북쪽 끝까지 올라온 다음 다시 남쪽으로 내려가기 시작한 지 한 달이 지나서야 최고로 더워진다. 그래서 절기로 하지 다음 보름 뒤에 작은 더위라는 소서小暑가 오고, 다시 보름 뒤에 큰 더위라는 대서大暑가 온다. 대서가 지나면 하늘에서는 이미 가을의 기운이 들어오기 때문에 입추立秋가 된다. 그런데 대서와 입추 사이에 1년 중 가장 덥다는 '삼복三伏더위'가 자리한다. '삼복'이란 석 삼三자와 무릎을 꿇는다는 '복伏' 자로 나타낸다. 즉 하지가 지난 다음 한 달 뒤에는 가을이 와야 하지만 여름의 더운 기운이 너무 거세어 가을 기운이 들어오려다 세 번이나 여름의 화기운에 무릎을 꿇은 다음에서야 본격적인 가을 기운이 도래한다는 의미가 있다. 초복, 중복, 말복의 삼복은 본래 24절기에는 들어있지 않지만 바로 계하를 나타내는 말이다.

또 가을의 차가운 금기운은 여름의 불기운이 아니면 녹일 수 없다.

그리고 물이 흘러가려는 성질은 흙이 아니면 막을 수 없다. 땅은 초목이 뿌리를 박고 자라지 않으면 생명을 기르는 일을 다 할 수 없다.

여기서 우리는 오행의 상생과 상극과정은 자연이 만물을 생生·장長·수收·장藏하는 일을 하기 위한 것임을 알 수 있다.

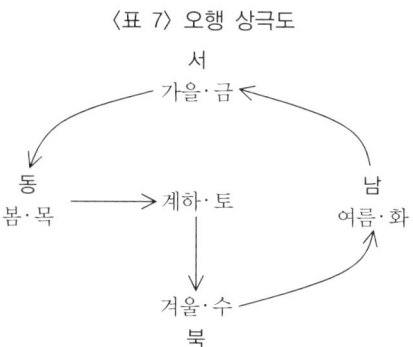

〈표 7〉 오행 상극도

그런데 오행상극도는 오행상생도와 오행의 작용하는 순서와 자리가 바뀐 것이 있다. 즉 여름의 화와 가을의 금이 서로 자리를 바꾼 것이다. 이것은 오행이 상생할 때는 순행하면서 양기의 확산을 위주로 하지만 상극작용을 할 때는 오행이 역행하면서 금과 화가 자리를 바꾸어 음기의 응축작용을 주로 하기 때문이다. 이것을 전문용어로는 금과 화가 자리와 역할을 서로 바꿨다는 의미의 '금화교역金火交易'이라고 표현한다.

4) 오행의 상모相侮·상모相母

(1) 상모相侮관계

'모侮'자는 '능멸하다' 또는 '업신여기다'란 의미가 있다. 그러므로 '상모'는 상극관계에 있던 오행의 관계에서 극을 하던 오행이 오히려

극을 당하는 경우를 말한다.

예를 들어 토가 수를 이기는 것은 토가 물보다 우세할 경우에만 그렇고, 반대로 물이 흙보다 강하면 흙이 물을 제지하지 못하고 물에 의해 쓸려나가게 된다.

물이 불을 이기는 것은 물이 불보다 강할 때는 가능하나 반대로 물이 적고 불이 강하면 물이 불에 의해 증발해버리고 만다.

불이 쇠를 이기는 것도 불이 쇠보다 강할 때만 그렇고 불이 쇠보다 약하면 불이 쇠화로에 담기게 마련이다.

쇠가 나무를 이기는 경우에도 반대로 나무가 강하면 쇠가 구부러진다. 단단한 나무에는 못이 잘 안 박히고 구부러지거나 부러질 수도 있다.

흙이 나무에 의해 흩어지는 것도 나무가 흙보다 약하면 오히려 나무가 흙에 의해 제지를 당한다.

자연의 이치가 이러하기 때문에 인생살이도 이와 같은 원리가 작용한다.

(2) 상모相侮관계

상생의 관계에서 생명을 낳아주거나 도와주는 오행이 힘이 빠져 쓰러지게 되는 경우를 말한다.

예를 들어 '수생목'에서 수는 나무의 삶을 돕지만 그것이 지나치면 물의 기운이 고갈될 것이다.

또 목생화에서 목이 불을 살리지만 목이 불을 살리려다 스스로 타버리고 만다. 나머지 화생토, 토생금, 금생수의 관계에서도 같은 이치가 있다.

'한 알의 밀이 모든 자양분을 다 소비하고 죽음으로써 더 많은 밀을 낳는 것'에 비유할 수 있을 것이다.

5) 오행의 휴왕休旺

오행은 각각 기운이 왕성(旺)하고 쇠한(休) 때가 있다. 즉 오행은 각각 힘을 얻고 잃는 계절이 다르다.

그런데 오행의 휴왕은 세 가지 경우로 구분된다. 하나는 오행의 바탕이 되는 목, 화, 토, 금, 수의 경우이고, 둘은 간지에서 오행이며, 셋은 팔괘의 오행이다.

여기서는 바탕 오행과 간지 오행의 휴왕을 설명한다.

(1) 바탕 오행

가. 봄

봄에는 목의 기운이 왕성하다. 화는 목의 기운을 받기 때문에 봄에는 '상相'하다고 한다. '相'은 '돕는다'는 뜻이 있다. 토는 목에 죽임을 당하므로 기운을 완전히 잃게 된다. 그러므로 봄에 토는 '사死'하게 된다. 가을의 금은 봄의 목을 눌러 이기므로 봄에는 금의 힘이 빠지게 된다. 그래서 갇힌다는 의미의 '수囚' 자를 써서 '수'하다고 한다. 겨울의 물은 봄의 목을 낳아주었으므로 힘을 잃고 쉬게 된다. 그래서 '휴休'하다고 표현한다.

다시 정리하면 봄에는 목은 '왕'하고, 화는 '상'이 되며, 토는 '사'가 되고, 금은 '수'되며, 물(水수)은 '휴'하다고 말한다.

나. 여름

위와 같은 이치로 여름에는 화가 왕성하고, 토는 상이 되고, 금은 사가 되고, 수는 수囚하게 되고, 금은 사하게 되며, 목은 휴가 된다.

다. 계하(태음태양력으로 6월)

여름의 끝자락인 태음태양력으로 6월에는 토가 왕성하고, 금은 상이 되고, 수는 사하고, 목은 수하게 되고, 화는 휴하게 된다.

라. 가을

가을에는 금이 왕성하고, 수는 상이 되며, 목은 사하게 되고, 화는 수하고, 토는 휴하게 된다.

마. 겨울

겨울에는 수가 왕하고, 목은 상이 되며, 화는 사하고, 토는 수하고, 금은 휴하게 된다.

〈표 8〉 바탕 오행의 휴왕표

계절＼휴왕	旺	相	休	囚	死
봄	목	화	수	금	토
여름	화	토	목	수	금
계하	토	금	화	목	수
가을	금	수	토	화	목
겨울	수	목	금	토	화

(2) 간지 오행

가. 봄

봄에는 천간天干의 갑을甲乙과 지지地支의 인묘寅卯가 왕하고, 천간의 병정丙丁과 지지의 사오巳午는 상하고, 천간의 임계壬癸와 지지의 해자亥子는 휴하고, 천간의 경신庚辛과 지지의 신유申酉는 수하며, 천간의 무기戊己와 지지의 진술축미辰戌丑未는 사하게 된다.

나. 여름

여름은 병정·사오는 왕하고, 무기·진술축미는 상하며, 갑을·인묘는 휴하고, 임계·해자는 수하며, 경신·신유는 사하게 된다.

다. 계하

6월은 무기·진술축미는 왕하고, 경신·신유는 상하며, 병신·사오는 휴하고, 갑을·인묘는 수하고, 임계·해자는 사하게 된다.

라. 가을

가을은 경신·신유는 왕하고, 임계·해자는 상하며, 무기·진술축미는 휴하고, 병정·사오는 수하며, 갑을·인묘는 사하게 된다.

마. 겨울

겨울은 임계·해자는 왕하고, 갑을·인묘는 상하며, 경신·신유는 휴하고, 무기·진술축미는 수하며, 병정·사오는 사하게 된다.

〈표 9〉 간지오행의 휴왕표

휴왕	왕		상		휴		수		사	
간지	천간	지지	천간	지지	천간	지지	천간	지지	천간	지지
봄	甲乙	寅卯	丙丁	巳午	壬癸	亥子	庚辛	申酉	戊己	辰戌丑未
여름	丙丁	巳午	戊己	辰戌丑未	甲乙	寅卯	壬癸	亥子	庚辛	申酉
6월	戊己	辰戌丑未	庚辛	申酉	丙丁	巳午	甲乙	寅卯	壬癸	亥子
가을	庚辛	申酉	壬癸	亥子	戊己	辰戌丑未	丙丁	巳午	甲乙	寅卯
겨울	壬癸	亥子	甲乙	寅卯	庚辛	申酉	戊己	辰戌丑未	丙丁	巳午

3. 간지갑자干支甲子

1) 간지갑자의 뜻

간지干支는 '간干'과 '지支'를 합한 말이다. '干'은 줄기(간幹)라는 의미로 하늘의 돌아가는 상태, 즉 하늘에서 일어나는 변화 상태를 파악하기 위한 부호다. 그래서 '천간天干'이라고 한다. 천간은 갑甲·을乙·병丙·정丁·무戊·기己·경庚·신辛·임壬·계癸 10개다. 이 가운데 甲·丙·戊·庚·壬은 양간陽干이며, 乙·丁·己·辛·癸는 음간陰干이다.

'支'는 가지'지枝'라는 뜻으로 땅에서 일어나는 변화 상태를 파악하기 위한 부호다. 그래서 '지지地支'라고 한다. 지지는 자子·축丑·인寅·묘卯·진辰·사巳·오午·미未·신申·유酉·술戌·해亥 12개다. 이 가운데 子·寅·辰·午·申·戌은 양지陽支고, 丑·卯·巳·未·酉·亥는 음지陰支다.

날(日)과 달(月)을 헤아릴 때 날은 '간'으로, 달은 '지'로써 표시한다. 그런데 날은 10일을 1순(一旬)으로 하여 천간의 주기를 삼고, 달은 12달로 1년을 지지의 1주기로 삼는다. 이때 천간은 양, 지지는 음이 된다. 물론 앞에 설명한 바와 같이 천간에서도 다시 음간과 양간이 구분되고, 지지에서도 양지와 음지의 구분이 있다.

천간과 지지를 짝을 지워서 천지의 변화 발전과정을 파악하는 것이 천간지지, 즉 간지다. 그런데 천간은 갑에서부터 시작하고, 지지는 자에서부터 시작하므로 천간과 지지를 짝지을 때 갑자에서부터 시작하게 된다. 그러므로 간지를 '갑자'라고도 하는 것이다.

그리고 천간 10개와 지지 12개를 짝지어 한 사이클이 완성되려면 60이라는 수가 필요하다. 다시 말해 갑자·을축·병인 …… 신유·임술·계해까지 60번째에서 한 조합이 완성되고 61번째에서 다시 갑자로 돌아온다. 그래서 갑자를 '60갑자'라고 하는 것이다.

〈표 10〉 간지 60갑자 표

갑자	을축	병인	정묘	무진	기사	경오	신미	임신	계유
갑술	을해	병자	정축	무인	기묘	경진	신사	임오	계미
갑신	을유	병술	정해	무자	기축	경인	신묘	임진	계사
갑오	을미	병신	정유	무술	기해	경자	신축	임인	계묘
갑진	을사	병오	정미	무신	기유	경술	신해	임자	계축
갑인	을묘	병진	정사	무오	기미	경신	신유	임술	계해

2) 천간 10글자 의미

① **갑** - '甲' 자는 어린 싹, 껍데기, 씨앗의 껍질 등의 의미가 있

다. 따라서 10천간의 갑은 모든 초목의 새싹들이 껍질을 깨고 나온 다는 뜻이 있다.(출갑우갑出甲于甲)

② 을 - 새싹이 처음 나올 때 '乙' 자와 같이 굽은 모양으로 솟아나 오는 것을 말한다.(분알우을奮軋于乙-떨칠 분奮/ 밀다, 밀어부치다 알軋)

③ 병 - '丙'은 '불꽃 병炳'과 같은 말로 밝게 드러난다는 뜻이다. 곧 양기가 충만하여 자라나는 모습이 두드러짐을 말한다.(명병우병明炳于丙)

④ 정 - '丁'은 씩씩하고 왕성하다는 뜻이 있고, 또 머무르거나 그쳐 쉰다는 뜻이 있다(정亭). 곧 어린 싹이 쉬지 않고 자라 성장을 멈춘다는 뜻이다.(대성우정大盛于丁)

⑤ 무 - '戊'는 무성하다(무楙)는 뜻과 바꾸다(무貿)는 뜻이 있다. 곧 생장이 무성해지면 이전의 몸체가 변해서 바뀐다는 의미다.(풍무우무豊楙于戊)

⑥ 기 - '己'는 그치다(그칠 이已)의 뜻과 벼리 기(紀)의 의미가 있다. 즉 만물이 성숙을 다하여 줄기와 바탕을 갖추었다는 말이다.(이기우기理紀于己)

⑦ 경 - '庚'은 고친다. 바꾼다는 '경更'과 같다. 곧 열매를 맺어 생명을 다시 바꾼다는 뜻이 있다.(렴갱우경斂更于庚)

⑧ 신 - '辛'은 새롭다(新)는 뜻이 있다. 곧 새로운 생기가 시작된다는 뜻이다.(실신우신悉新于辛)

⑨ 임 - '壬'은 '맡긴다' 또는 '임신하여 기른다(任)'는 의미가 있다. 즉 새로운 생명이 다시 잉태하여 자란다는 뜻이다.(회임우임懷任于壬)

⑩ 계 - '癸'는 헤아리고 계획을 세운다(규癸)는 듯이 있다. 즉 생명이 다시 시작하기 위하여 법도에 맞게 기다린다는 의미다.(진규우계陳揆于癸)

3) 12지지 글자 의미

① **자** – '子'는 낳아 기른다(자孶)는 의미가 있다. 양기가 이미 생기기 시작하여 만물이 그 싹을 낳게 됨을 상징한다. 12가지 상징 동물 중에서는 쥐를 뜻한다. 시기는 동지부터 1개월에 해당한다. 간지력으로 11월이다. 동지는 해가 남쪽 끝까지 내려간 것을 말하고, 이후부터 해가 다시 북쪽으로 올라오기 시작하므로 동지가 지나면 태양의 기운이 점점 자란다고 하는 것이다.

② **축** – '丑'은 연결하다 또는 맺다(뉴紐)는 뜻이 있다. 즉 음의 기운이 다하고 양의 기운이 시작돼 만물이 어린 싹을 맺어 땅을 헤치고 올라옴을 상징한 것이다. 소를 상징한다. 동짓달 다음인 12월을 말한다.

③ **인** – '寅'은 지렁이(인蚓)이가 움직이는 모습과 같이 양기가 처음 발생하여 만물이 움직이기 시작함을 뜻한다. 정월 즉 1월에 해당하고, 호랑이를 상징한다.

④ **묘** – '卯'는 무릅쓰다(모冒)는 뜻이 있다. 즉 만물이 위에 덮고 있는 땅을 무릅쓰고 밖으로 솟아 나오는 모습을 의미한다. 2월에 해당하고, 토끼를 상징한다.

⑤ **진** – '辰'은 진동한다(진震) 혹은 움직이고(동動) 퍼진다(신蜃)는 의미가 있다. 즉 만물이 활짝 펴고 나오는 모습 또는 빠르게 진동하여 옛 몸체를 벗어나는 것을 상징한다. 3월에 해당하며 용을 나타낸다.

⑥ **사** – '巳'는 그치다(已)는 뜻이 있어 양의 기운이 극에 달해 만물이 왕성하게 자라서 그칠 때에 이른 것을 말한다. 태양이 북쪽 끝에 이른 하지로 4월에 해당하며 뱀을 나타낸다.

⑦ **오** – '午'는 바뀐다(교交)는 의미로 양 기운이 절정에 이르면 음

의 기운이 다시 시작되듯이 만물의 성장이 극에 달해 형체가 번성한 것을 말한다. 5월에 해당하며, 말을 상징한다.

⑧ 미 - '未'는 맛의 의미(味)가 있어 만물이 성숙하여 제 맛을 갖추게 됨을 의미한다. 또 '未'는 어둡다는 '매昧'의 뜻이 있어 음의 기운이 자라나 만물이 점차 쇠퇴하여 몸체가 점차 어둡게 덮이는 것을 상징한다. 6월에 해당하고 양羊을 나타낸다.

⑨ 신 - '申'은 편다는 뜻의 신伸과 같다. 伸은 또 끌어당기며(인引) 자란다(장長)는 의미가 있다. 즉 쇠퇴하고 늙은 것을 끌어당겨 성숙시킨다는 뜻이 된다. 이는 가을의 기운이 만물을 수렴하는 것을 말한다. 7월에 해당하고 원숭이를 나타낸다.

⑩ 유 - '酉'는 늙고(노老) 또 익었다(숙熟)는 뜻이 있다. 만물이 아주 늙어서 성숙한 것, 만물이 성숙하여 기운이 차차 쇠퇴함을 말한다. 8월을 말하고 닭을 나타낸다.

⑪ 술 - '戌'은 불이 꺼지듯 멸滅하는 것 또는 죽인다(살殺)는 뜻이 있다. 양기가 미약해지며 서서히 그 기운이 땅 속으로 들어가듯 만물의 성장이 다하여 모두 멸하는 것을 말한다. 9월에 해당하며, 개를 나타낸다.

⑫ 해 - '亥'는 씨앗(핵核)이며 닫고 막는다(해該)는 뜻이 있다. 태양이 남쪽 끝으로 내려가 양의 기운이 다하여 감추어진 것과 같다. 따라서 만물은 닫히고 숨어서 감추어지는 것을 말한다. 10월에 해당하며, 돼지를 나타낸다.

4) 간지와 음양오행

간지는 음양과 오행을 모두 포함하고 있는 부호다.

천간은 하늘로 양, 지지는 땅으로 음을 나타낸다. 또 천간 중에서는 갑甲·병丙·무戊·경庚·임壬은 陽干이며, 을乙·정丁·기己·신辛·계癸는 양간陰干이다. 지지 가운데서도 자子·인寅·진辰·오午·신申·술戌은 양지陽支이고, 축丑·묘卯·사巳·미未·유酉·해亥는 음지陰支다.

오행별 천간은 갑을甲乙 목木, 병정丙丁 화火, 무기戊己 토土, 경신庚辛 금金, 임계壬癸 수水가 된다. 오행별 지지는 인묘寅卯 목木, 사오巳午 화火, 신유申酉 금金, 해자亥子 수水, 진미술축辰未戌丑은 토土가 된다.

5) 간지와 방위

천간의 甲乙은 동방, 丙丁은 남방, 戊己는 중앙, 庚辛은 서방, 壬癸는 북방을 나타낸다. 지지의 寅卯辰은 동방, 巳午未는 남방, 申酉戌은 서방, 亥子丑은 북방을 나타낸다.

6) 간지와 계절

천간의 갑을은 봄, 병정은 여름, 무기는 여름과 가을 사이 삼복, 경신은 가을, 임계는 겨울을 표시한다.

지지의 인묘진寅卯辰은 봄, 사오미巳午未는 여름, 신유술申酉戌은 가을, 해자축亥子丑은 겨울을 나타낸다. 지지가 계절을 나타낼 때 3개의 지지가 있는 것은 각 철마다 초·중·말로 구분되기 때문이다. 보통 봄을 예로 들어 보면 초봄은 맹춘孟春, 봄의 중간은 중춘仲春, 봄의 끝부분은 계춘季春이라고 하는 것이 그것이다. 나머지 계절도 같은 이치로 맹하

·중하·계하, 맹추·중추·계추, 맹동·중동·계동이라고 한다.

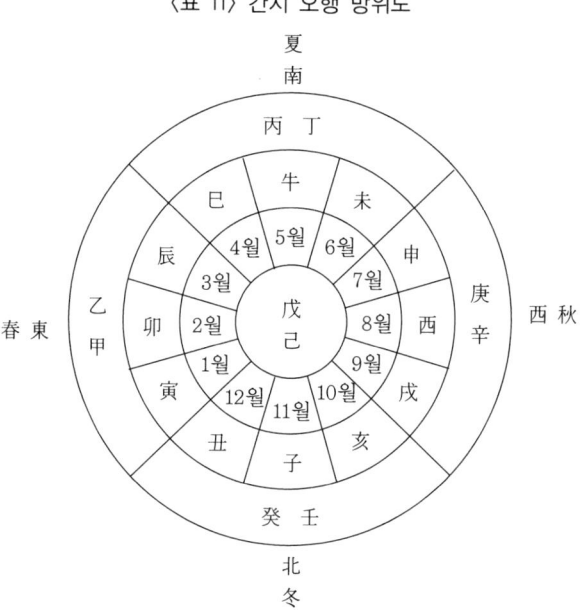

〈표 11〉 간지 오행 방위도

7) 간지력干支曆

간지로 연도를 나타내는 것을 세차歲次라고 하며, 월을 표시하는 것은 월건月建, 날짜를 기록하는 것은 일진日辰, 시간을 표기하는 것은 시진時辰이라고 말한다. 또 이렇게 간지로 연, 월, 일, 시를 기록하는 법을 간지기년법干支紀年法, 간지기월법干支紀月法, 간지기일법干支紀日法, 간지기시법干支起時法이라고 한다.

8) 간지의 합화合化

천간의 합화 – 10개의 천간은 각각 다른 특정 천간의 짝을 만나면 자신이 가지고 있는 오행의 기운이 다른 오행의 기운으로 변화한다. 이를 천간의 '합合' 또는 '합화合化'라고 말한다.

갑甲과 기己가 만나면 토土, 을乙과 경庚이 만나면 금金, 병丙과 신辛이 만나면 수水, 정丁과 임壬이 만나면 목木, 무戊와 계癸가 만나면 화火의 기운을 만들어내게 된다.

천간 합화 표

甲己	乙庚	丙辛	戊癸	丁壬
土	金	水	火	木

지지의 합화 – 12개의 지지도 천간과 마찬가지로 다른 특정 지지와 만나서 오행기운의 변화를 일으킨다.

자子와 축丑은 토土, 인寅과 해亥는 목木, 묘卯와 술戌은 화火, 진辰과 유酉는 금金, 사巳와 신申은 수水, 오午와 미未는 불변이 된다.

지지합화표

子丑	寅亥	卯戌	辰酉	巳申	午未
土	木	火	金	水	불변

9) 간지의 충돌

간지는 또 다른 특정 간지와 만날 때 오행기운이 서로 충돌한다.
천간의 충돌 – 갑甲과 경庚, 을乙과 신辛, 병丙과 임壬, 정丁과 계癸,

무戊와 임壬, 기己와 을乙은 서로 만나면 기운이 상충한다.

이것은 오행의 상극 관계로 인한 것이다. 갑과 경이 충돌하는 것은 갑은 목이고, 경은 금이므로 목과 금은 서로 충돌하게 되는 것이다. 병과 임의 경우도 병은 불이고, 임은 물이므로 불과 물은 서로 상극이 되고 충돌하는 것이다. 나머지 다른 충돌관계도 같은 맥락으로 이해하면 된다.

천간의 충돌표

천간	갑	을	병	정	무	기
충돌	경	신	임	계	임	을

지지의 충돌 – 자子와 오午, 축丑과 미未, 인寅과 신申, 묘卯와 유酉, 진辰과 술戌, 사巳와 해亥는 서로 만나면 기운이 충돌한다.

지지의 충돌도 오행의 상극과 관계된다. 자오子午와 사해巳亥는 물과 불이 서로 충돌하는 것을 말한다. 인신寅申과 묘유卯酉는 금과 목이 상극되므로 서로 충돌한다. 그런데 축미丑未와 진술辰戌은 같은 토인데도 충돌관계가 되는 것은 방위가 서로 상대되는 위치에 있기 때문이다. 즉 축은 겨울의 끝이고, 미는 여름의 끝이다. 말하자면 수토水土와 화토火土가 충돌하는 것이다. 또 진辰은 봄의 토이며, 술戌은 가을의 토이다. 따라서 진술辰戌도 충돌한다.

지지의 충표

지지	자	축	인	묘	진	사
충돌	오	미	신	유	술	해

10) 간지의 육친六親 관계

오행의 상생과 상극관계를 사람과 사람의 관계에 대비하면 육친관계가 성립된다. 즉 간지오행으로 인사의 문제를 파악할 수 있게 된다.

나를 기준으로 나를 낳아주는 오행은 부모가 된다. 내가 낳는 오행은 자손이다. 나를 이기는 오행은 관(관은 관공서를 말하는 것으로 옛날에 관은 민간인을 제재하고 엄격한 규정을 이행하도록 강제력을 발휘한데 연유한 개념임)이 된다. 내가 이기는 오행은 재물이 된다. 나와 같은 기운의 오행은 형제가 된다. 즉 나, 부모, 자손, 관, 재물, 형제의 육친관계가 성립되는 것이다.

이를 다시 음과 양으로 구분하면 보다 상세한 육친관계 파악이 가능하다.

〈표 12〉 간지오행육친분류표

나	兄弟	子孫	財物	官鬼	父母
갑을 목	갑을	병정	무기	경신	임계
병정 화	병정	무기	경신	임계	갑을
무기 토	무기	경신	임계	갑을	병정
경신 금	경신	임계	갑을	병정	무기
임계 수	임계	갑을	병정	무기	경신

4. 간지의 종합정리

이상을 정리하면 간지는 음양과 오행의 특성을 가지고 있어서 우주만물의 생성순환과정을 파악할 수 있는 종합적인 부호라고 할 수 있다. 특히 여기서는 간지의 천문적 배경을 설명하지 못했으나 간지가 인위적으로 만들어진 것이 아니라 천문현상을 관찰하고 연구하여 나온 결과물이라는 점을 강조하고자 한다. 이와 관련한 내용은 앞으로 기회를 마련하여 서술하기로 한다.

주역의 원리를 담은 그림

주역의 원리 내지는 이치를 그림으로 표현한 것에는 대표적으로 괘상이 있다. 괘상에 대해서는 이미 설명이 됐기 때문에 여기서는 태극도와 선천팔괘도, 후천팔괘도, 하도, 낙서에 관해서 이야기 한다. 본래『역경』과『역전』에는 주역의 원리를 담은 그림은 나오지 않는다. 이런 그림들이 그려지기 시작한 것은 송나라 때부터다.

1. 태극도

『주역』은 처음 태극이 양의로 분화되고, 이것은 다시 4상으로 나뉘고, 또 팔괘를 이루어 우주만물을 표현한다고 했다. 이것을 그림으로 나타낸 것을 '태극도'라고 한다. 그런데 태극도는 송나라 때 주돈이가 그린 '주돈이 태극도'와 원나라와 명나라 때 유행한 '음양어태극도陰陽魚太極圖' 등 여러 종류가 있다. 여기서는 이들 태극도는 언급하지 않고 태극도가 이루어지는 원리를 중심으로 설명한다. 이것은 편의상 '원시태극도'라고 한다.

〈표 13〉 원시태극도

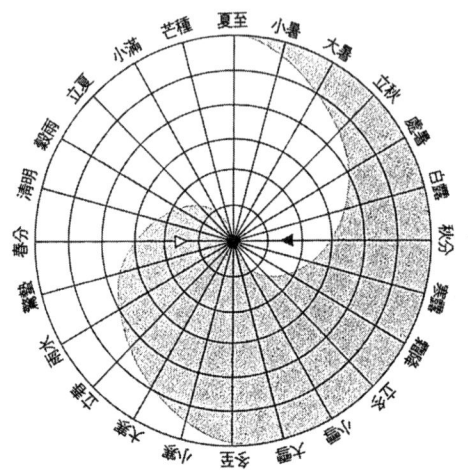

　태극도는 위의 그림과 같이 그릴 수 있다. 이 그림에서 위쪽은 하지, 아래쪽은 동지, 왼쪽은 춘분, 오른쪽은 추분에 해당한다. 그리고 동지와 춘분의 중간은 입춘, 춘분과 하지의 중간은 입하, 하지와 추분의 중간은 입추, 추분과 동지의 중간은 입동에 해당한다. 이것을 요약해 표현하면 '2지 2분 4립' 즉 '8절'이라고 한다. 그리고 8절을 절마다 다시 3분하면 24절이 된다. 즉 1년을 24절기로 구분하는 것이다. 이것은 1년을 둥근 원으로 볼 때 360도이므로 360을 24등분한 것이다. 물론 1년은 365일과 1/4일이지만 360일로 보는 것이다. 1년을 360일로 볼 때 8절로 나누면 1절은 45일을 차지하게 되고, 24절기로 나누면 1개 절기마다 15일이 배당된다.
　그림에서 하지 때는 태양이 북쪽 끝에 도달한 때이므로 1년 중 해의 그림자의 길이가 가장 짧은 지점이다. 이때부터 태양은 남쪽으로 이동하므로 그림자의 길이는 점점 길어지고 동지 때는 그림자의 길이가 가장 길다. 반대로 동지가 지나면 해가 다시 북쪽으로 움직이면서 그림자의 길이가 짧아지기 시작해 하지에 이르면 그림자는 다시 가장 짧게 된다.

정리하면 1년 동안 날마다 해의 그림자가 변화해가는 상황을 그림으로 그리면 그림과 같이 나타난다. 이 그림이 다름 아닌 원시 태극도다. 즉 태극도는 태양의 이동상황을 실제로 측량한 그림이라고 하겠다. 즉 지구가 태양을 공전하면서 지구에 나타나는 사시사철 24절기가 구분되고, 절기에 맞는 만물의 생장수장生長收藏이 이루어진다. 이것을 그림으로 표현한 것이 태극도인 셈이다.

2. 팔괘도

팔괘도에는 팔괘가 생성되는 차례를 나타내는 '팔괘차서도'와 팔괘를 동서남북과 그 사이사이에 나누어 배치한 '팔괘방위도'가 있다. 팔괘차서도와 팔괘방위도는 다시 '선천도'와 '후천도'로 나누어진다. 다시 말해 팔괘도는 '선천팔괘차서도'와 '선천팔괘방위도', '후천팔괘차서도'와 '후천팔괘방위도' 등 4종류로 구분되는 것이다.

선천과 후천의 구분은 복희와 주나라 문왕을 기준으로 한다. 즉 역을 처음 지은 복희의 팔괘를 선천팔괘라고 하며, 이것을 더욱 발전시킨 문왕의 팔괘를 후천팔괘라고 부른다. 이런 구분은 송나라 때 소옹[6]이 제시한 이론이다.

---

[6] 소옹邵雍(1011~1077) : 중국 송宋나라의 학자·시인으로 자는 요부堯夫라 하고, 호는 안락선생安樂先生, 시호는 강절康節이다. 보통 소자로 불린다. 도가사상의 영향을 받고 음陰·양陽·강剛·유柔의 4원四元을 근본으로 하여, 4의 배수倍數로서 만물의 발전과정을

1) 선천팔괘차서도와 선천팔괘방위도

(1) 선천팔괘차서도

선천팔괘차서도가 그려진 근거는 「계사전」의 "옛날에 복희씨가 천하를 다스릴 때 우러러 하늘의 모습을 관찰하고, 굽혀서 땅의 법칙을 관찰하고, 새와 짐승의 무늬와 땅의 마땅함을 관찰하고, 가까이는 몸에서 취하고, 멀리는 사물에서 취하여, 비로소 팔괘를 지어 신명의 덕에 통하고 만물의 상태를 분류하였다."[7]라고 한 대목과, "역에 태극이 있으니 이것이 양의를 낳고, 양의가 4상을 낳고, 4상이 팔괘를 낳았다."[8]라고 한 대목이다.

이 두 대목을 다시 정리하면 팔괘는 복희가 천지만물을 관찰하여 그린 것이며, 태극에서 음양과 4상의 단계를 거쳐 나오게 됐다는 말이 된다.

그런데 「계사전」의 위 두 문장은 우주발생론적 측면과 팔괘의 그림을 그리는 과정이라는 측면에서 각각 해석해볼 수 있다. 우주발생론적 측면에서 본다면 태극은 바로 우주의 본원이 되고, 양의는 천지가 되며, 4상은 춘하추동 4계절이고, 팔괘는 하늘, 못, 불, 우레, 바람, 물, 산, 땅의 여덟 가지 자연현상이 된다. 즉 태극에서 천지로 나누어지고, 다시 4계절이 생기며, 여덟 종류 유형의 만물로 분화되므로 우주가 생성되는 과정을 말하고 있는 것이다.

설명하는 유교의 역철학易哲學을 세웠다. 주요저서로『황극경세서皇極經世書』,『관물내외편觀物內外編』이 있다.
7) 「계사전」 하2장, "古者包犧氏之王天下 仰則觀象於天 俯則觀法於地 觀鳥獸之文與地之宜 近取諸身 遠取諸物於是始作八卦 以通神明之德 以類萬物之情".
8) 「계사전」 상11장, "易有太極 是生兩儀 兩儀生四象 四象生八卦".

이것을 팔괘 그림으로 나타내는 측면으로 보면 태극은 그림의 본원이고, 양의는 음(--) 양(—)이 되고, 4상은 태양(=) 소음(==) 소양(==) 태음(==)이며, 팔괘는 건(☰) 태(☱) 리(☲) 진(☳) 손(☴) 감(☵) 간(☶) 곤(☷)이 된다. 이것은 태극에서 시작해 음양과 4상, 팔괘 순서로 그림을 그려나가므로 팔괘의 생성과정을 이루게 된다. 이것을 '선천팔괘차서도'라고 한다.

〈표 14〉 선천팔괘차서도

태극☯							
양 —				음 --			
태양 =		소음 ==		소양 ==		태음 ==	
건 ☰	태 ☱	리 ☲	진 ☳	손 ☴	감 ☵	간 ☶	곤 ☷

(2) 선천팔괘방위도

〈표 15〉 선천팔괘방위도

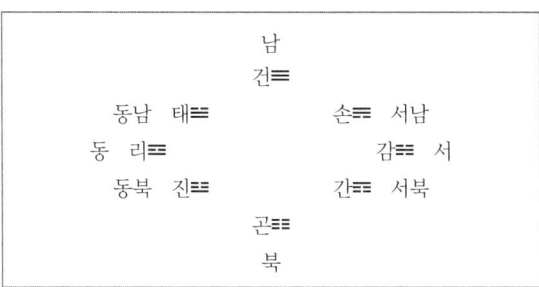

위 그림에서 건은 남쪽, 곤은 북쪽, 감은 서쪽, 리는 동쪽, 태는 동남쪽, 손은 서남쪽, 간은 서북쪽, 진은 동북쪽이다. 이 그림은 「설괘

전」의 "하늘과 땅이 자리를 잡고, 산과 못이 기운을 통하며, 우레와 바람이 부딪치고, 불과 불이 서로 꺼리지 않아서 팔괘가 서로 섞인다."9)라고 한 대목에 근거하는 것이다. 즉 건괘와 곤괘가 남쪽과 북쪽에 자리를 정하고, 간괘와 태괘는 각각 서북쪽과 동남쪽에서 기를 통하며, 진괘와 손괘는 동북쪽과 서남쪽에서 서로 근접하고 있고, 이괘와 감괘는 동쪽과 서쪽에 각각 자리하여 서로 꺼리지 않는다는 말이다.

그런데 그림에서 건, 태, 리, 진은 시계 바늘이 돌아가는 오른쪽 방향으로 돌아가면서 배치돼 하지 때를 나타내는 건괘를 중심으로 볼 때 입춘에 해당하는 진괘, 춘분에 해당되는 리괘, 입하에 해당되는 태괘는 모두 이미 지나간 괘가 된다. 지나간 것은 파악하기가 쉽다. 즉 지난 일을 셈하여 알기는 수월하다.

반면에 손, 감, 간, 곤의 4괘는 시계 바늘이 돌아가는 반대 방향에 위치하여 앞으로 다가올 때를 나타내고 있다. 즉 손은 입추, 감은 추분, 간은 입동, 곤은 동지 때를 나타내므로 앞으로 다가올 때를 안다는 것은 곧 다가올 날짜를 거꾸로 셈하여야 하므로 파악하기가 쉽지가 않다. 그러므로 주역은 지나간 것을 파악하여 앞으로 올 것을 알아내는 지혜를 알려주는 것이라고 할 수 있는 것이다. 그래서 「설괘전」에서 "지나간 것을 세는 것은 순하고, 앞으로 오는 것을 앎은 거스름이니, 그러므로 역은 거슬러 세는 것이다."10)라고 밝히고 있는 것이다. 앞서 나온 바와 같이 「계사전」에서는 "(사시사철이 운행하는 역수(曆數)를) 잘 알아서 앞으로 다가올 일을 아는 것을 일러 점이

---

9) 「설괘전」 3장, "天地定位 山澤通氣 雷風相薄 水火不相射 八卦相錯".
10) 「설괘전」 3장, "數往者順 知來者逆 是故易逆數也".

라고 한다."11)라고 한 것이다.

2) 후천팔괘차서도와 후천팔괘방위도

(1) 후천팔괘차서도

〈표 16〉 후천팔괘차서도

곤·母 ☷			건·父 ☰		
태 소녀 ☱	이 중녀 ☲	손 장녀 ☴	간 소남 ☶	감 중남 ☵	진 장남 ☳

후천팔괘차서도는「설괘전」의 "건괘는 하늘이므로 아버지라 일컫고, 곤괘는 땅이므로 어머니라 일컫는다. 진괘는 한 번 구하여 남자를 얻으므로 맏아들이라 하고, 손괘는 한 번 구하여 여자를 얻으므로 맏딸이라 하고, 감괘는 두 번 구하여 남자를 얻으므로 둘째 아들이라 하고, 리괘는 두 번 구하여 여자를 얻으므로 둘째딸이라 하고, 간괘는 세 번 구하여 아들을 얻으므로 막내아들이라 하고, 태괘는 세 번 구하여 딸을 얻으므로 막내딸이라고 한다."12)라는 구절에서 근거한다.

쉽게 말하면 음효만 3개인 곤괘가 건괘에서 처음 양효를 하나 구하면 진☳괘가 된다. 그러므로 한 번 구하여 남자를 얻었다고 한 것이다. 즉 부모가 서로 사귀어 첫 남자를 얻었으니 장남이 되는 것이다. 마찬가지로 양효만 3개인 건괘가 곤괘에서 처음 음효를 얻어 손☴괘

---

11)「계사전」상5장, "極數知來之謂占".
12)「설괘전」10장, "乾天也 故稱乎父 坤地也 故稱乎母 震一索而得男 故謂之長男 巽一索而得女 故謂之長女 坎再索而得男 故謂之中男 離再索而得女 故謂之中女 艮三索而得男 故謂之少男 兌三索而得女 故謂之少女".

가 됐다. 부모가 처음 사귀어 첫 여자를 얻었으니 맏딸이 되는 것이다. 나머지 리, 감, 간, 태괘도 같은 원리로 설명할 수 있는 것이다.

여기서 하나 공통점을 발견할 수 있다. 즉 3개 효 가운데 양 효가 하나인 것은 남성, 즉 양괘가 되고, 음효가 하나인 것은 여성, 즉 음괘가 된다는 것이다. 「계사전」에서는 이미 이것에 대해 "양괘는 음이 많고, 음괘는 양이 많으니, 그 이유는 양괘는 홀수이고 음괘는 짝수이기 때문이다."[13]라고 밝히고 있다.

(2) 후천팔괘방위도

〈표 17〉 후천팔괘방위도

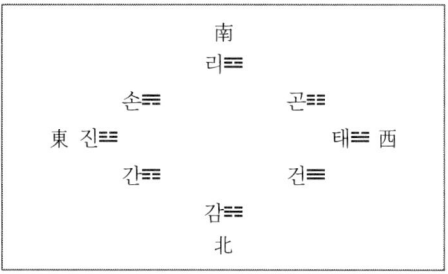

후천팔괘방위도는 선천팔괘방위도와 괘가 위치한 방향이 전혀 다르다. 이 방위도는 「설괘전」의 "천제가 진방에서 나와 손방에서 가지런히 하고, 이방에서 서로 만나고 곤방에서 역사를 이루고, 태방에서 기뻐하고, 건방에서 싸우고, 감방에서 위로하고, 간방에서 이룬다. 만물이 진방에서 나오니 진은 동방이다. 손방에서 가지런하니 손은 동남방이다. '가지런하다'는 것은 만물이 깨끗하게 정돈됐다는

---

13) 「계사전」 하4장, "陽卦多陰 陰卦多陽 其故何也 陽卦奇 陰卦耦".

것을 말한다. 이는 밝은 것이니 만물이 서로 만나는 남방의 괘다. 성인은 남쪽을 향하여 천하를 살피고 밝은 곳을 향하여 다스리니 대개 여기에서 취한 것이다. 곤이란 땅이니 만물이 모두 여기에서 길러지므로 곤방에서 역사를 이룬다고 한다. 태는 가을이니 만물이 기뻐하는 것이다. 그러므로 태방에서 기뻐한다고 말했다. 건방에서 싸운다는 것은 건은 서북의 괘이므로 음과 양이 서로 부딪침을 말하는 것이다. 감을 물을 말하는 것으로 정북방의 괘이니 위로하는 괘다. 만물이 돌아가는 괘이므로 '감에서 위로한다'고 한 것이다. 간은 동북방의 괘로 만물이 마침을 이루고 시작을 이루는 바이기 때문에 '간에서 이룬다'고 한 것이다."[14]라고 한 대목에 근거를 두고 있다.

이 후천팔괘방위도의 이해를 돕기 위해 한나라 경방이란 역학자의 이론을 잠시 보자. 경방은 팔괘를 오행에 배당했다. 즉 건괘와 태괘는 오행의 金, 감괘는 水, 진괘와 손괘는 木, 이괘는 火, 곤괘와 간괘는 土에 배당한 것이다. 경방의 팔괘 오행 배치를 기준으로 후천팔괘도를 보면 곤괘와 간괘의 토를 중심선으로 하여 왼쪽은 양의 기운이 자라나는 목과 화가 자리하고, 오른쪽에는 음의 기운이 자라나는 금과 수가 자리하고 있는 것이다. 즉 땅에서 실제로 계절의 변화가 일어나는 현상을 나타내고 있다.

이에 비해 선천팔괘방위도는 천지자연현상의 객관적 관찰을 통해

---

14) 「설괘전」 5장, "帝出乎震 齊乎巽 相見乎離 致役乎坤 說言乎兌 戰乎乾 勞乎坎 成言乎艮 萬物出乎震 震東方也 齊乎巽 巽東南也 齊也者 言萬物之潔齋也 離也者明也 萬物皆相見南方之卦也 聖人南面而聽天下 嚮明而治 蓋取諸此也 坤也者地也 萬物皆致養焉 故曰致役乎坤 兌正秋也 萬物之所說也 故曰說言乎兌 戰乎乾 乾西北之卦也 言陰陽相薄也 坎者水也 正北方之卦也 勞卦也 萬物之所歸也 故曰勞乎坎 艮東北之卦也 萬物之所成終而所成始也 故曰成言乎艮".

겉으로 드러난 모습을 나타낸 것이다. 다시 말해 선천팔괘방위도는 하늘에서 드러난 실체라면 후천팔괘방위도는 지상에서 일어나는 실제적 현상을 표현하는 것이다. 선천팔괘방위도가 본체를 말한다면 후천팔괘방위도는 운용의 실체가 되는 셈인 것이다.

3. 하도와 낙서

하도와 낙서 역시 주역의 원리를 담고 있지만 『역경』과 『역전』에는 없다. 다만 「계사전」에서 "황하에서 그림이 나오고, 낙수에서 글이 나오니 성인이 이를 본떴다."[15]라고 한데 근거하여 송대 역학자들이 하도와 낙서를 그려낸 것이다.

1) 하도

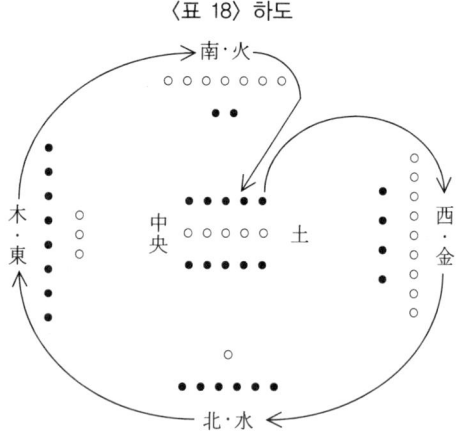

〈표 18〉 하도

---

15) 「계사전」 상11장, "河出圖 洛出書 聖人則之".

그림에서 북방의 1과 6이라는 수는 오행의 수水, 동방의 3과 8은 목木, 남방의 2와 7은 화火, 서방의 4와 9는 금金, 중앙의 5와 10은 토土를 나타낸다. 하도를 왼쪽에서 오른쪽으로 돌아가며 배치된 수를 읽어보면 수, 목, 화, 중앙의 토, 금, 다시 수水의 순서로 나아가고 있음을 알 수 있다. 즉 수생목, 목생화, 화생토, 토생금, 금생수의 관계를 이루고 있는 것이다. 다시 말해 하도는 오행상생의 관계를 표시하고 있다.

2) 낙서

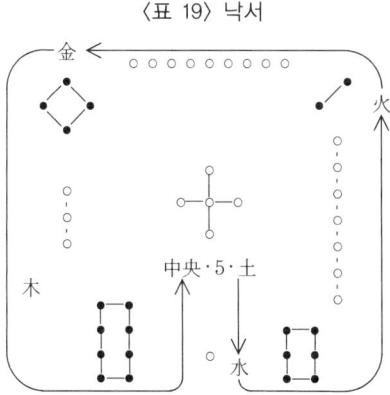

〈표 19〉 낙서

낙서에서는 북서쪽에 1과 6의 수, 남서쪽에 2와 7의 화, 동남에 4와 9의 금, 북동에 3과 8의 목, 중앙에 5의 토를 배치하고 있다. 오행으로 보면 오른쪽에서 왼쪽으로 수, 화, 금, 목, 중앙의 토 순서로 배치된 것이다. 하도가 좌에서 우로 진행하는데 반해 낙서는 우에서 좌로 진행하고 있다. 즉 수극화, 화극금, 금극목, 목극토, 토극

수라는 오행의 상극관계를 나타내는 것이다.

하도와 낙서는 서로 날줄과 씨줄의 관계를 이루면서 천지만물이 생·장·수·장하는 이치를 오행의 수자로 표현하고 있는 것이다. 한대와 송대의 역학자들은 하도와 낙서에서 주역의 괘상과 역수가 나온 것이라고 보았다.

왜냐하면 역의 4상에서 역수易數 9는 태양, 8은 소음, 7은 소양, 6은 태음이 되는데 하도와 낙서의 수數는 바로 괘상의 근거가 되는 9, 8, 7, 6이라는 역수를 가지고 방위와 계절의 순환관계를 표시하고 있다는 점에서 그렇다.

참고로 책을 모아놓고 있는 곳을 우리는 '도서관圖書館'이라고 한다. 그런데 도서관은 그림책(도圖)과 글씨로 된 책(서書)을 모아놓았다는 의미 이상을 갖고 있다. '도서'는 하도의 '도'와 '낙서'의 '서'에서 따온 말이다. 즉 우주만물이 생성 변화하는 진리를 탐구할 수 있는 곳이란 말이 된다.

만물 분류법 – 팔괘취상과 오행귀속

1. 팔괘취상八卦取象

주역에서는 만물을 팔괘의 상으로 구분하고 있다. 즉 자연계의 모든 만물을 속성과 유형이 비슷한 것끼리 분류하여 그것을 팔괘로 상징하는 것이다. 이것을 전문적인 용어로 '팔괘취상八卦取象' 또는 '취상비류取象比類'라는 말로 나타낸다.

〈표 20〉 팔괘취상도

괘명	건	곤	진	손	감	리	간	태
부호	☰	☷	☳	☴	☵	☲	☶	☱
속성	건健	순順	동動	입入	함陷	리麗	지止	열悅
인륜	부	모	장남	장녀	중남	중녀	소남	소녀
원취제물	말	소	용	닭	돼지	꿩	개(狗)	양
근취제물	머리(首)	배(腹)	발(足)	무릎(股)	귀	눈	손·코·등	입
자연	하늘	땅	우레	바람	물	해(日)	산	못
방위	서북	동남	동	남동	북	남	북동	서
계절	동추간	하추간	춘	춘하간	동	하	동춘간	추
오행 오색	金	黃土	木	靑木	黑水	赤火	土	白金

2. 오행귀속五行歸屬

우주 만물의 분류방법으로는 팔괘취상과 함께 만물의 효용과 유형에 따라 오행으로 나누는 법도 있다. 이것은 만물을 오행에 귀속시켜 분류한다는 의미에서 '오행귀속五行歸屬' 혹은 '오행귀류五行歸類'라고 부른다.

오행귀류는 우주만물을 금·목·수·화·토의 오행에 나누어 배당하는 방법이다. 팔괘분류법이 만물의 모양과 마땅함을 형상화한 여덟 가지 괘로 상징하여 분류하는데 비해 오행 분류법은 만물이 각자 가지고 있는 기운을 다섯 가지 유형으로 나누어 배당하는 방법이다.

〈표 21〉 오행 귀속도

오행 내용	목 木	화 火	토 土	금 金	수 水
계절	춘	하	장하(長夏)	추	동
발전과정	생	장	화(化)	수(收)	장(藏)
방위	동	남	중앙	서	북
시간	아침(平旦)	한낮(日中)	오후(日西)	일몰(日入)	밤중(夜半)
오음(五音)	각(角)	치(徵)	궁(宮)	상(商)	우(羽)
천간(天干)	갑을	병정	무기	경신	임계
지지(地支)	인묘	사오	진술축미	신유	해자
오색(五色)	청	적	황	백	흑
오미(五味)	신맛(酸)	쓴맛(苦)	단맛(甘)	매운맛(辛)	짠맛(鹹)
오장(五臟)	간(肝)	심(心)	비장(脾臟)	폐(肺)	신(腎)
부(腑)	쓸개(膽)	소장(小腸)	위(胃)	대장(大腸)	방광(膀胱)

3. 팔괘취상과 오행귀속은 같은 내용이다.

팔괘취상과 오행귀속은 만물을 분류하는 항목 수자의 차이는 있으나 내용은 같다고 볼 수 있다. 왜냐하면 앞서 음양과 오행의 관계에서 설명한 바와 같이 우주만물이 태극에서 음과 양으로 나뉘고 다시 4상과 팔괘로 분화 발전하는 과정을 상징한 것이 팔괘취상법이라면, 오행귀속은 태극에서 음양과 4상으로 발전하는 과정에 태극이 항상 따라다니는 실제의 쓰임을 고려한 분류법이기 때문이다.

팔괘와 오행의 관계는 건괘와 태괘는 금, 이괘는 화, 손괘와 진괘는 목, 감괘는 수, 간괘와 곤괘는 토에 해당한다.

〈표 22〉 팔괘와 오행 대비표

	1	2	3	4	5	6	7	8
괘명	乾	兌	離	震	巽	坎	艮	坤
상징	天	澤	火	雷	風	水	山	地
오행	金		火	木		水	土	

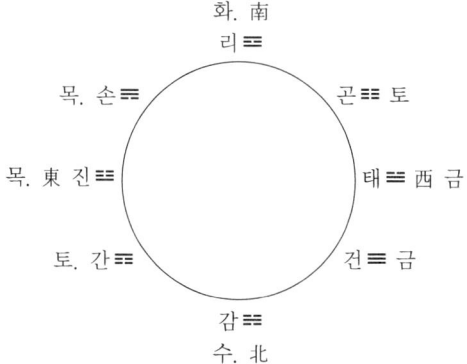

참고로 서울의 4대문大門의 이름과 오행의 연관성을 살펴보자. 조선왕조는 한양에 도읍을 정하고 성곽을 쌓은 다음 동서남북에 4대문을 세웠다. 그런데 본래 4대문의 이름은 지금 불리는 동대문, 남대문, 서대문, 북대문이 아니었다. 이렇게 이름을 붙인 것은 일본인들이 우리의 전통문화와 민족정기를 말살하기 위해 원래의 이름을 고친 것이라고 한다.

4대문의 본래의 이름은 동대문은 '흥인문興仁門', 남대문은 숭례문崇禮門, 서대문은 '돈의문敦義門', 북대문은 '홍지문弘智門'이었다. 그렇다면 4대문 이름을 이렇게 붙인 이유가 궁금하지 않을 수 없다. 그 근거는 『주역』의 4상과 오행에서 찾을 수 있다. 『주역』에서 4상은 태양, 태음, 소양, 소음이지만 4덕으로는 인仁, 의義, 예禮, 지智가 된다. 즉 동쪽은 '인', 남쪽은 '예', 서쪽은 '의', 북쪽은 '지'가 된다. 여기서 우리는 동대문을 '어진 덕을 일으킨다'는 '흥인문'이라고 하고, 남대문은 '예를 숭상한다'는 의미의 '숭례문'이라고 하며, 서대문은 '의를 돈독히 한다'는 '돈의문'이라고 하며, 북대문은 '지혜를 크게 한다'는 뜻의 '홍지문(홍지문은 숙정문이라도 함)'이라고 한 것임을 알 수 있다.

이렇게 4대문은 인의예지의 4덕을 강조하여 붙인 것이다. 그런데 유가의 덕목은 4덕에 '신信'을 더해 인의예지신의 오덕五德 내지는 오상五常을 중시한다. 그렇다면 4대문을 제외한 나머지 '신'은 어디에 위치하는가? 바로 도성의 중앙인 종로에 있는 '보신각普信閣'이다.

조선왕조가 『주역』의 4상과 오행을 근거로 4대문의 이름을 정하고 중앙에 보신각을 둠으로써 오덕을 강조한 국정철학을 가지고 있었음을 한 눈에 알 수 있다.

천체天體의 순환주기와 역법曆法

하늘에는 무수히 많은 별들이 존재한다. 그 가운데 지구에 가장 영향을 미치는 별은 태양과 달이다. 다음은 수성·금성·화성·목성·토성의 5성이다. 지구와 5성은 태양의 주위를 도는 태양계의 별이다. 그리고 달은 지구를 도는 지구의 위성이다. 지구는 태양과 달, 그리고 5성 외에 북극성을 비롯해 28수宿의 영향도 받는다.

그런데 이들 별은 각자 하늘에서 한 바퀴씩 돌아가는 주기가 다르다. 시계로 비유하면 초침, 분침, 시침의 주기가 다른 것과 같다. 기계로 말하면 원의 크기가 다른 여러 개의 톱니바퀴가 서로 맞물려 돌아가는 것이다. 이렇게 각자 다른 주기의 별들이 우주를 선회하면서 지구에 영향을 미치게 되므로 매시간, 매일, 매주, 매월, 매년 지구가 받는 우주의 상황과 기운이 다르게 나타날 수밖에 없다.

우주변화의 원리를 파악한다는 것은 바로 이렇게 각자 다른 천체들의 순환주기를 정확히 계산하고, 이를 토대로 매순간마다 지구에서 일어날 상황을 예측하는 것이라고 할 수 있다.

그러므로 여기서는 지구와 달의 순환주기와 이를 파악하는 방법인 역법, 그리고 역법을 표시하는 간지력 등을 알아본다.

1. 지구의 순환주기와 태양력

지구는 태양의 주위를 선회한다. 그 주기는 365와 1/4일 즉 365.25일이다. 지구가 태양주위를 돌아가는 한 주기를 1년이라고 한다. 이것은 태양력이다.

지구가 지축을 중심으로 23.7도 기울어진 채 태양의 주위를 돌기 때문에 태양이 지구의 북쪽 회귀선에 이르면 낮의 길이가 가장 길고 밤의 길이는 가장 짧다. 이것이 하지다.

하지로부터 태양은 지구의 남쪽으로 이동하여 남쪽 회귀선에 이르면 낮의 길이와 밤의 길이는 하지와 정반대가 된다. 이것은 동지다.

그리고 동지에서 하지 사이에는 춘분, 하지에서 동지 사이에는 추분이 들어오는데, 이때 밤과 낮의 길이는 같다. 이 2지 2분의 네 분기점을 4절이라고 한다.

4절 사이에는 또 봄이 시작되는 입춘, 여름의 시작점인 입하, 가을 시작점인 입추, 겨울 시작점인 입동의 4립이 위치한다. 2지 2분과 4립을 합하면 8절이 된다. 이 팔절의 각 절을 3분하면 곧 24절이 되며, 이것을 24절기라고 부르는 것이다. 태양력에서 1년 중 24절기의 1절기는 15일여가 된다.

이렇게 태양은 지구의 남과 북을 오르내리면서 지구에 계절의 변화를 일으키고, 계절에 따라 만물이 생장수장의 과정을 거치는 것이다.

따라서 지구의 순환주기를 파악하는 태양력은 아주 중요하다.

2. 달의 순환주기와 태음력

달은 지구를 중심으로 돈다. 그 주기를 보통 한 달이라고 한다. 달이 지구를 도는 순환주기는 무엇을 기준으로 삼느냐에 따라 항성월恒星月·회귀월回歸月·근점월近點月·교점월交點月·삭망월朔望月 등으로 구분된다. 물론 주기는 각각 약간의 차이가 있다.[16] 여기서는 지구에서 볼 때 달이 만월에서 다음 만월 혹은 그믐에서 다음 그믐 사이의 시간을 말하는 삭망월을 중심으로 이야기 한다.

초승달이나 보름달과 같은 달의 모양(월상月相)은 지구를 중심으로 달과 태양의 위치가 어떻게 되는가에 따라 달라진다. 달의 모습이 전혀 보이지 않는 것은 그믐, 삭朔 또는 합삭合朔이라고 한다. 달이 가득 찬 것은 보름, 만월滿月, 망望이라고 부른다.

그믐은 달과 태양의 황경黃經이 같은 때에 나타난다. 이때 태양은 달의 뒤쪽을 비추므로 지구에서는 달의 그늘진 부분만 보게 되므로 달의 모습을 전혀 볼 수 없다.

보름은 달이 태양과 반대쪽에 있어서 달의 모습이 둥글고 가장 밝게 보이는 것이다.

달이 천구天球를 운행하는 궤도를 백도白道라고 하는데, 백도를 도는 동안에 29.53일을 주기로 그 모습이 변한다. 이 29.53일을 1삭망월 또는 1태음월이라고 한다. 곧 음력의 한 달이다. 그리고 삭망월을 기준으로 만든 1년을 태음년이라고 하며, 12달의 날 수는 354.36일이다.

---
16) 달의 주기에 관해서는 김진희, 『주역의 근원적 이해』, 보고사, 2010, 191~193쪽을 참고 바람.

그리고 순수하게 달의 순환주기를 나타내는 역법이 태음력이다. 우리가 보통 말하는 '음력'은 태양력과 태음력을 조합한 것을 말하므로 의미가 다르다.

3. 태음태양력과 윤달

위에서 알아본 바와 같이 태양력의 1년은 365.25일이고, 태음년은 354.36일로서 1년의 날 수가 서로 다르다. 그러나 지구상에 존재하는 사람과 만물은 태양과 달의 영향을 함께 받기 때문에 고대인들은 태양력과 태음력을 함께 조율하여 태음태양력을 만들어 사용했다.

즉 달의 삭망을 기준으로 한 태음력은 태양의 순환에 의해 나타나는 계절의 변화를 파악할 수가 없다. 이에 비해 태양력은 달의 삭망에 의해 발생하는 조석의 변화라든지 인체는 물론 동식물의 생명현상에서 나타나는 영향 등을 이해할 수가 없다. 따라서 이런 복잡한 문제를 동시에 해결하기 위해 고대인들은 해와 달의 순환주기를 통합 파악하는 것이 필요했다.

이런 이유로 만들어진 태음태양력에서는 달이 차고 비는 것을 위주로 하여 해의 운행과 맞추고자 한다. 즉 태양의 1년 순환주기 12달을 삭망월의 12달로 채우는 것이다. 그런데 이렇게 하려면 태양의 1년 순환주기 365.25일과 12개 삭망월인 태음력 1년의 354.36일이 서로 일치하지 않는다. 태양력 1년과 삭망월 12달 사이에는 10.89일의 차이가 있다.

그리고 또 삭망월의 날 수는 29.53일이어서 실제 삭망월의 배열에 있어서는 1개 삭망월의 날 수를 소수로 나타내기가 어렵다. 이 때문에 역법에서는 1개월을 30일(큰달) 혹은 29일(작은달)로 한다. 이렇게 하여 일반적으로 1년을 12개월로 하고, 큰달과 작은달을 각각 6개씩 배치한다.

그런데 태양력의 날 수 365.25일을 12개 삭망월 위주로 표시할 경우 매년 부족한 10.89일을 그대로 방치할 경우 계절과 맞지 않게 된다. 그러므로 3년에 윤달을 하나 더 두어서 1년을 13개 삭망월로 하는 것이다. 이렇게 하더라도 10.89일이 세 번 겹치면 32.67일로 33일에 가까워서 윤달을 두더라도 3-4일 정도가 남게 된다. 이에 따라 다시 2년 뒤에 윤달을 하나 더 두게 된다. 즉 5년에 윤달이 2번 있게 되는 것이다. 이것이 「계사전」의 "오세재윤五歲再閏"이라는 것이다. 이렇게 하면 19년에 7개의 윤달이 있게 된다. 이것은 일반적으로 역법에서 '19년 7윤법'이라고 말한다.

여기서 19년에 7개의 윤달을 두는 것에 대해 좀 더 자세히 살펴보자. 태양년으로 19년에 있는 날 수를 계산하면 365.25 × 19 = 6939.75일이 된다. 그리고 19년에는 모두 235개 삭망월이 있고, 235개 삭망월의 일수는 29.530851 × 235 = 6939.75일이 된다. 즉 235개 삭망월을 거쳐야 해와 달과 지구가 처음 운행을 시작했던 위치로 돌아오게 된다. 이 말은 좀 복잡한 설명이 필요하다. 즉 임진년 정월 보름에 해와 달과 지구가 각자 위치한 자리로 돌아오려면 235개 삭망월이 지나야 된다는 것이다. 하늘에서 거의 움직임이 없는 북극성을 중심으로 볼 때 해와 지구와 달은 계속하여 각자 다른 순환주기로 움직이고 있다. 서로 다른 크기의 사이클로 톱니바퀴처럼 물려 돌아가므로 처음 시작한 지점으로 돌아오는 시간을 수학에서는 최소공배수라고 하는데,

해와 달과 지구가 처음 운행을 시작한 지점으로 돌아오는 최소공배 사이클이 235개월이 걸린다고 할 수 있다.

그러므로 태양년으로 19년은 235개 삭망월과 시간이 거의 같은 것이다. 중국의 고육력古六曆[17]에서는 이 19년을 1장章이라고 부른다.

이상으로 미루어 알 수 있는 것은 태음태양력에서 1년의 날 수는 세 가지의 경우를 상정할 수가 있다. 하나는 12개 삭망월이 1년이 되는 경우로 1년의 날 수는 354일이 된다. 이것은 평년이다. 둘은 윤달을 두어 13개월이 1년이 되는 해로 1년은 384일이 된다. 이것은 윤달이 드는 윤년이다. 다른 하나는 태양력의 1년 365-366(양력도 평균 4년에 1회의 윤년을 두어 한 해의 날 수를 366일로 한다.)일이다. 이것은 평년과 윤년을 정하는 기준이 된다. 즉 일월합력의 1년 순환주기는 354일과 384일의 실제 상황이 있고, 기준이 되는 366일의 세 경우가 된다.

---

17) 중국 한漢나라 무제武帝 때 만들어진 태초력太初曆 이전에 사용된 6종류의 역법으로, 황제력皇帝曆, 전욱력顓頊曆, 하력夏曆, 은력殷曆, 주력周曆, 노력魯曆을 가리킨다.
    고육력은 모두 태음태양력太陰太陽曆으로 365일과 1/4일을 1회귀년으로 정하고 있어 '사분력四分曆'이라고도 한다.
    고육력은 각각 한 해의 첫 달인 세수歲首를 달리 두고 있는데, 전욱력은 동지冬至가 있는 달의 앞 달인 해월亥月(하력夏曆의 10월)을 한 해의 첫 달로 하고, 황제력, 주력, 노력은 동지가 있는 자월子月(하력의 11월)을, 은력은 동지가 있는 달의 다음 달인 축월丑月(하력의 12월)을, 하력은 동지 후 두 번째 달인 인월寅月을 세수歲首(正月)로 하였다.

역괘易卦와 역법曆法

1. 음양 2기氣의 변화와 길흉

『주역』에서 팔괘 내지는 64괘가 사람에게 길흉을 알려줄 수 있는 것은 우주의 시간 즉 천시天時와 기후의 변화에서 비롯된다. 지구를 중심으로 한 태양과 수성·금성·화성·목성, 그리고 기타의 별들이 각자 자신의 궤도를 돌면서 지구에 영향을 미치기 때문이다. 하늘의 별들이 각자 움직이는 궤도가 서로 다르기 때문에 지구에서 나타나는 기후氣候도 그때마다 다르게 마련이다. 즉 천시와 기후는 밀접한 관계가 있다는 말이다.

그러므로 1년 중에는 봄·여름·가을·겨울의 사철이 생겨나고, 동지·하지·춘분·추분·입춘·입하·입추·입동의 8절과 24절기가 나타난다. 그리고 4시 4철은 물론 24절기는 각각 다른 기후 상태를 보여주고 있다. 또 각각의 기후마다 만물의 상태, 즉 물후物候가 달라진다. 예를 들면 봄에는 생명의 기운이 싹을 틔우면서 초목을 비롯한 만물이 생동하고, 여름에는 초목이 꽃을 피우고 열매를 맺으며, 가을에는 열매가 결실을 하게 되고, 겨울에는 다시 다음의 봄을 맞이하기 위해 생명의 기운을 응축하여 깊이 숨는 잠장潛藏을 맞이한다.

이렇게 잠시도 멈추지 않고 변화하는 천시와 기후는 바로 음기와 양기라는 2기의 변화에서 비롯된다. 그리고 괘는 바로 이런 음양 2기의 변화를 나타내는 것이다.

그런데 천시와 기후의 변화를 파악하기 위한 것이 역법이다. 따라서 괘와 역법은 밀접한 관계를 갖고 있다고 보고 괘와 기후를 연계하여 『주역』의 이치를 파악하고 이해하는 것을 역학에서는 '괘기학卦氣學'이라고 한다. 그리고 한나라 때부터 나타난 괘기학은 괘상과 역수를 중시하므로 '상수역학' 또는 '상수학'이라고 한다는 것은 앞에서 설명한 바와 같다.

여기서는 건·곤괘와 4정괘, 그리고 12벽괘에 대해 알아본다.

2. 건·곤괘와 2기氣

건괘는 양효만으로 이루어지고, 곤괘는 음괘만으로 구성돼 있다. 따라서 건괘는 1년 중에 양의 기운이 시작되는 봄과 양의 기운이 극에 달하는 여름을 나타낸다. 또 곤괘는 음의 기운이 시작되는 가을과 음의 기운이 극에 이르는 겨울을 표현한다.

3. 4정괘正卦

4정괘는 복희8괘 즉 선천8괘와 문왕8괘 즉 후천팔괘 두 가지 경우가 있다. 먼저 선천8괘에서 4정괘는 건·곤·감·이괘 4개 괘를 말한다. 그 중 건괘는 남쪽으로 여름, 곤괘는 북쪽으로 겨울, 이괘는 동쪽으로 봄, 감괘는 서쪽으로 가을을 나타낸다.

다음으로 후천8괘에서 4정괘는 감·이·진·태괘 4개 괘를 말한다. 이 가운데 감괘는 북쪽으로 겨울, 이괘는 남쪽으로 여름, 진괘는 동쪽으로 봄, 태괘는 서쪽으로 가을을 담당한다.

괘기학에서 4정괘는 후천8괘의 감·이·진·태 4개 괘를 말한다. 괘기론을 처음 제시한 서한西漢의 맹희[18]는 후천8괘의 감·이·진·태 4개 괘를 각각 겨울·여름·봄·가을의 4정방에 배치하여 4시를 담당한다고 했다.

4. 12월괘

12벽괘十二辟卦로 1년 12월을 대비시켜서 월별 기후를 파악하는 것이 12월괘설이다. '벽辟' 자는 '피하다', '비유하다'는 뜻 외에 '임금' 혹은 '군주'라는 의미가 있다. 따라서 12벽괘라고 하면 1년 12달 각각의 달을 주관하는 괘라는 의미가 된다. 또 한 괘가 각각 1월씩 맡는다는 뜻에서 12월괘라고도 한다.

12월괘는 1년 중 봄과 여름의 6개월을 담당하는 6개 괘와 가을부터 겨울까지 6개월을 담당하는 6개 괘로 이루어진다. 즉 6개 효로 이루어진 한 괘에서 효의 변화 상태로 계절의 변화를 설명하는 것이다.

구체적으로 말하면 복復괘(䷗)는 6개 효 가운데 맨 아래 효만 양효

---

[18] 맹희孟喜 : 중국 서한의 금문경학자今文經學者, 동해東海 난릉蘭陵(지금의 산동山東 창산蒼山 난릉진蘭陵鎭) 출신, 자는 장경長卿. 그의 역학의 주요 내용은 4정괘설四正卦 說, 12월괘설十二月卦說, 64괘와 72후七十二候의 결합 등 괘기설卦氣論을 제시한 것임.

이고 위로 나머지 5개 효는 모두 음효다. 계절 기후로 보면 태양이 남쪽 회귀선에 이르면 음이 절정에 이르고, 이후부터 다시 태양이 북회귀선을 향해 올라오기 시작한다. 즉 동지로부터 1개월은 미약한 양의 기운이 시작되므로 6개효 가운데 맨 아래 효만 양효가 있는 복괘를 대비시킨 것이다. 따라서 복괘는 1년 12월 중 동짓달인 자월에 해당한다. 復자는 '돌아온다', '회복한다'는 뜻이 있다. 즉 양의 기운이 다시 시작된다는 의미다.

복괘 다음은 임臨괘(䷒)가 온다. 임괘는 6개 효 가운데 아래 2개효가 양효이고 위로 4개효는 음효다. 즉 태양이 북쪽으로 올라오기 시작해 2달째를 맞고 있는 것이다. 그래서 자월 다음인 丑월에 해당한다.

임괘 다음은 태泰괘(䷊)가 온다. 태괘는 6개효 가운데 아래 3개효는 양효이고 위에 3개효는 음괘다. 태양이 북쪽으로 올라오기 시작한 지 3개월째라는 말이다. 이때는 24절기 중 입춘에서 춘분에 해당된다. 하늘에서 태양이 춘분점에 이르면 땅에서는 봄기운이 완연한 인寅월에 해당한다.

태괘 다음은 대장大壯괘(䷡)다. 대장괘는 6개효 가운데 아래 4개효는 양괘이고 위에 2개효가 음효다. 태양이 북진을 시작한 지 4개월째로 인월 다음인 卯월이다.

대장 다음은 쾌夬괘(䷪)가 온다. 쾌괘는 6개효 가운데 아래 5개효가 양효이고, 위에 1개효만 음효다. 양의 기운이 이미 정점을 향해 치닫고 있는 때다. 묘월 다음인 진辰월이다.

대장 다음은 건乾괘(䷀)다. 건괘는 6개효 모두 양효다. 태양이 북회귀선에 이른 것이다. 양의 기운이 꽉 찬 하지에 해당하는 사巳월이다.

양기운이 처음 시작된 복괘를 시작으로 임, 태, 태장, 쾌, 건괘까지 6개 괘가 각각 1개월씩 6개월을 담당함을 알 수 있다.

하지가 지나면 태양은 다시 남쪽으로 내려가기 시작한다. 음의 기운이 시작되는 것이다. 따라서 모두 양의 효로 이루어진 건괘에서 맨 아래 첫 번째 효가 음효로 변한다. 이 괘가 구姤괘(䷫)다. 구괘는 사巳월 다음인 오午월에 해당한다.

구괘 다음은 돈遯괘(䷠)다. 돈괘는 6개효 가운데 밑에 2효가 음효다. 음의 기운이 시작된 지 2달째가 되는 것이다. 午월 다음인 未월이다.

돈괘 다음은 비否괘(䷋)다. 비괘는 아래 3개효가 음효다. 물론 위에 3개효는 양효가 된다. 태양이 남진을 시작해 밤과 낮의 길이가 같은 입추에서 추분秋分 때가 된다. 춘분 때의 괘인 태괘와 음효와 양효의 위치가 정반대로 바뀐 것이다. 계절로는 신申월이다.

비괘 다음은 관觀괘(䷓)다. 관괘는 6개효 가운데 아래 4개효가 음효다. 신월 다음인 유酉월에 해당한다.

관괘 다음은 박剝괘(䷖)가 온다. 6개 효 가운데 아래 5개효가 음효로 위에 양효 1개만 남았다. 곧 양의 기운이 모두 사라지게 된다. 그래서 '剝' 자에는 '사라진다', '부서진다'는 뜻이 있다. 계절로는 술戌월이다.

박괘 다음은 곤坤괘(䷁)다. 곤괘는 6개효 모두 음효다. 태양이 다시 남회귀선에 이르러 양의 기운이 모두 사라진 동지다. 계절로는 해亥월이다.

곤괘 다음은 다시 복괘로 이어진다. 이렇게 하여 12개 괘가 각각 1개월씩을 담당하며 음양의 기운 변화에 의한 계절과 기후와 물후의 상태를 나타내는 것이다.

여기서 우리가 알 수 있는 것은 앞서 공부한 음양의 특성 가운데 만물은 극에 이르면 다시 돌아온다는 '물극필반物極必反'이라는 의미를 다시 확인할 수 있는 것이다. 양기가 극에 이르면 음기가 시작되고, 음기가 극에 이르면 양기가 시작되는 것이다. 물론 세상만사도 이와 같은 것이다.

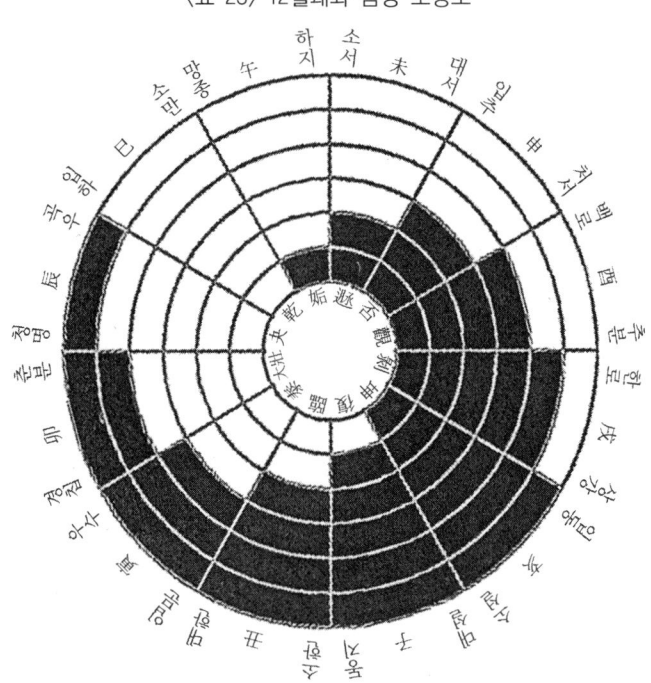

〈표 23〉 12월괘와 음양 소장도

천지수天地數와 대연수大衍數

1. 주역의 수와 자연수의 차이

주역의 수와 자연수는 차이가 있다. 1, 2, 3 등으로 나아가는 자연수는 어떤 물건을 세거나 차례를 정할 때 사용한다. 하지만 주역의 수는 셈을 하거나 순번을 정하는 데 쓰이지 않는다.

주역의 수는 음과 양을 표시하고, 시간과 방향을 나타내며, 천지자연의 순환이치를 파악하는 데 목적이 있다. 자연수와 같은 개념으로는 주역의 이치를 이해할 수가 없다.

이하에서는 천지수와 대연수, 생수生數와 성수成數에 관하여 알아본다.

2. 천지수

1) 하늘의 수는 홀수, 땅의 수는 짝수인 이유

고대 중국인들은 하늘은 둥글고 땅은 네모지다는 '천원지방설天圓地方說'을 믿었다. 그런데 둥근원은 지름이 1이고 둘레가 3이 되므로 하늘의 수를 3이라고 한다. 또 네모난 것은 지름이 1이고 둘레가 4가 되지만 위와 아래, 왼쪽과 오른쪽이 두 개씩 짝이 되므로 땅의 수는 2가 된다.

또 「계사전」에서는 "하늘은 1, 땅은 2, 하늘은 3, 땅은 4, 하늘은 5, 땅은 6, 하늘은 7, 땅은 8, 하늘은 9, 땅은 10"[19]라고 하였다. 즉 1부터 10까지의 수에서 1, 3, 5, 7, 9의 홀수를 하늘의 수, 2, 4, 6, 8, 10의 짝수를 땅의 수라고 하였다.

여기서 하늘의 수인 홀수는 양의 수이며, 땅의 수인 짝수는 음의 수가 된다. 이미 앞서 양효(—)는 양이고, 음효(--)는 음이 되는 것을 설명했다.

그리고 뒤편의 생수와 성수에서 설명하겠지만 1에서 10까지의 수數 중에서 1에서 5까지의 수는 만물이 태어나는 이치를 설명하는 생수生數이며, 6에서 10까지의 수는 만물이 이루어지는 이치를 설명하는 성수成數가 된다. 그런데 1~5의 생수 중에는 1, 3, 5라는 홀수가 3개이고, 2, 4라는 짝수가 2개가 된다. 즉 하늘의 수인 홀수는 3이고, 땅의 수인 짝수는 2가 된다.

이상을 종합해보면 하늘의 수는 홀수이고 땅의 수는 짝수라고 하는 근거를 알 수 있다.

2) 천지의 수가 55인 이유

「계사전」에는 "하늘은 1, 땅은 2, 하늘은 3, 땅은 4, 하늘은 5, 땅

---

19) 「계사전」 상8장, "天一地二 天三地四 天五地六 天七地八 天九地十".

은 6, 하늘은 7, 땅은 8, 하늘은 9, 땅은 10"이라고 한 뒤, 이어서 "하늘의 수가 5개이고 땅의 수도 5개인데, 이 각 5자리의 수가 서로 합함이 있으니 하늘의 수는 25요, 땅의 수는 30이 된다. 이 하늘과 땅의 수를 합하면 55가 되고 이것이 음양의 변화를 이루고 귀신의 작용이 있게 한다."[20]라고 밝히고 있다.

즉 1, 3, 5, 7, 9라는 5개의 하늘의 수인 천수를 더하면 25가 되고, 2, 4, 6, 8, 10이라는 5개의 땅의 수인 지수를 더하면 30이 된다. 따라서 천수와 지수의 합은 55가 된다. 그리고 이 천지수는 음양이 변화하여 귀신이 작용하는 이치를 담고 있다는 것이다. 다시 말해 천지자연의 운행법칙은 천지수로 파악되고 설명할 수 있다는 이야기다.

3. 대연수

점괘를 뽑을 때 사용하는 산대는 모두 50개가 필요하다. 그런데 「계사전」은 점괘를 뽑는 데 쓰는 50개의 산대를 '대연수'라고 표현하고 있다. 여기서 궁금한 문제가 생긴다. 앞서 천지자연의 운행 이치를 담고 있는 수는 천지수로 55라고 하였는데, 천지의 운행법칙을 통해 귀신의 작용을 파악하기 위한 점괘를 뽑을 때는 왜 50이라는 수만 쓰는가 하는 의문이다.

특히 점에 필요한 산대의 수는 50개이나 실제로 사용하는 수는 하나를 제외한 49개를 사용하고 있다. 그 이유에 대한 설명은 몇 가지

---

20) 「계사전」 상8장, "天數五 地數五 五位相得 而各有合 天二十有五 地數三十 凡天地之數 五十有五 此所以成變化 而行鬼神也".

설이 있으나 여기서는 주자의 설명을 소개한다.

주자는 대연의 수 50은 천지의 수 55에서 금, 목, 수, 화, 토 오행의 다섯 수와 하늘의 1을 제외하고 49를 사용하는 것이라는 설과, 하도 가운데 있는 하늘의 수 5와 땅의 수 10을 곱하여 얻은 수라는 설 등을 제시하고 있다.

점괘를 뽑는 데 필요한 수 즉 대연수가 50인 것에 대한 해석은 사람마다 주장하는 바가 다르지만 분명한 것은 산대 50개에서 1개를 뺀 49를 운용하여야만 점괘를 얻을 수 있다는 것이다.

4. 낳는 수(생수生數)와 이루는 수(성수成數)

하도와 낙서를 설명할 때 나온 1에서부터 10까지의 수 가운데 1, 2, 3, 4, 5는 생수라고 하며, 뒤의 6, 7, 8, 9, 10은 성수가 된다. 생수는 만물이 태어나는 수를 말하고, 성수는 이미 태어난 만물이 이룸을 만드는 수를 말한다.

생수 1은 수, 2는 화, 3은 목, 4는 금, 5는 토라는 오행을 말하는데, 이 다섯 수는 만물이 생하는 수가 된다. 그리고 이 생하는 수에 각각 중앙의 5라는 수를 더하면 6은 수, 7은 화, 8은 목, 9는 금, 10은 토의 오행이 되며, 이 수는 성수가 된다.

실전편

점괘 뽑기와 길흉판단

주역으로 점을 치는 방법에는 크게 두 가지가 있다. 하나는 점괘를 뽑아서 이것을 보고 길흉을 판단하는 법이다. 다른 하나는 점괘를 뽑지 않고 역수易數로 길흉을 판단하는 법이다.

그리고 점괘를 뽑아서 길흉을 판단하는 법에는 다시 전통적인 방법 즉 '전통주역점'과 한나라 때 경방이 창안한 '경방역점' 혹은 '오행역점'이 있다.

역수에 의한 점은 사주명리학, 기문둔갑奇門遁甲, 육임六壬, 태을太乙 등의 방법이 있다. 이 책에서는 전통주역점과 오행역점에 대해서만 소개한다. 역수에 의한 점법은 추후에 개괄해볼 기회를 갖기로 한다.

1. 점괘 뽑기

1) 괘를 뽑기 전의 준비와 마음 자세

점괘를 뽑기 위해서는 먼저 30cm정도의 가느다란 대나무 막대 50개를 준비하여 통 속에 넣어 책상 위에 놓아둔다. 이 막대는 본래 시초蓍草라는 풀의 줄기로 만들었기 때문에 '시초'라고 부른다. 이 시초를 세어서 괘를 뽑으므로 괘를 뽑는 일을 '설시揲蓍'라고 하며, 괘를 뽑는 법을 '설시법揲蓍法' 혹은 '연시법演蓍法'이라고 하게 됐다. 그런데 후에 점대를 시초 대신 대나무 막대를 사용하게 되면서 점을 치기 위한 대나무 막대를 '산대'라고도 한다.

산대를 준비한 뒤에는 깨끗하고 조용한 장소를 택해서 괘를 뽑는 일에 들어간다. 이때 몇 가지 중요한 마음의 자세가 필요하다.

첫째 점을 치는 대상, 즉 점을 칠 일이 옳은 것인지 그른 일인지를 분간하는 것이 중요하다. 옳은 일이 아니면 점을 쳐서는 안 된다. 점을 치는 일은 사람이 천지자연의 뜻에 맞게 살아가고자 하나 자신의 힘으로 해결이 어려운 문제가 생겼을 때 천지자연, 즉 하늘 혹은 천신天神에게 그 해답을 구하는 일이기 때문이다. 이것은 『예기禮記』 「소의少儀」편에서도 강조되고 있는 내용이다.[1]

둘째 사람의 노력으로는 도저히 해결이 어려운 상황에 이르렀을 경우에만 점을 쳐야 한다는 것이다. 노력도 해보지 않고 모든 것을 하늘에게서 구하는 것은 사람의 도리가 아니기 때문이다. 『서경』에서는 "당신에게 큰 의문이 있으면 자신의 마음에 물어보고, 귀족과 관리에게 물어보고, 백성에게 물어보고, 거북점과 시초점에 물어보시오."[2]라고 한다. 이것은 어떤 의문이 생겼을 경우 점을 치는 일은 최후의 방법이라는 것을 말하는 것이다.

끝으로 한 번 점을 친 일에 대해서는 다시 점을 치지 않는다. 이미

---

1) 『禮記』 「少儀」, "問卜筮曰 義與志與 義則可問 志則否".
2) 『書經』 「洪範」, "汝則有大疑 謀及乃心 謀及卿士 謀及庶人 謀及卜筮".

신에게 물어본 일을 다시 묻는 것은 신을 믿지 못한다는 것이 된다. 즉 신을 모독하는 일이다. 『주역』몽괘 괘풀이 글에는 "처음 점을 치면 알려주고, 두세 번 하면 (신을) 모독하는 것이니 모독하면 알려주지 않는다."3)라고 나온다.

그리고 본격적으로 괘를 뽑는 작업에 들어가기 전에 "하늘에게 빕니다. 아무개는 어떤 일을 하고자 하는데, 일의 성패 여부를 알지 못하므로 의심나는 것을 오직 하늘만이 알 것이므로 밝게 알려주기 바랍니다."라고 진실하고 간절한 마음으로 주문한다.4)

2) 괘 뽑기

위와 같은 마음의 준비가 끝났으면 이제 책상 위의 통 속에 있는 산대를 끌어내어 그 가운데 하나를 뽑아 다시 통 속에 넣고 사용하지 않는다. 즉 49개의 산대만을 쓰는 것이다.

6개의 효로 구성된 대성괘 하나를 얻기 위해서는 18변十八變을 거쳐야 된다. 즉 3변을 거쳐서 하나의 효를 얻을 수 있다. 아래에서는 하나의 효를 얻는 과정을 3변으로 나누어 설명한다.

● 제1변

① 49개의 산대를 임의로 반으로 나누어 오른쪽과 왼쪽에 놓는다.
② 다음에는 왼쪽에 놓아둔 산대를 왼손에 잡고, 그 가운데서 1개를 뽑아 왼쪽 새끼손가락과 4번째 손가락 사이에 낀다.

---

3) 蒙卦, "初筮 告 再三瀆 瀆則不告".
4) 설시에 대한 내용은 『주역전의』「서의」편과 『역학계몽』을 참고하기 바람.

③ 다음에는 왼손에 잡은 나머지 산대를 오른손으로 4개씩 덜어 내고 나머지가 4개 이하가 되면 이것을 왼쪽 가운데 손가락과 4번째 손가락 사이에 낀다.

④ 다음에는 오른쪽에 놓아둔 산대를 오른손에 잡고 왼손으로 4개씩 세어내고 나머지가 4개 이하가 되면 이것을 왼쪽 가운데 손가락과 검지 사이에 낀다. 이것을 1변變이라고 한다.
1변 후에 남은 산대는 왼쪽이 1개이면 오른쪽은 반드시 3개이고, 왼쪽이 2개이면 오른쪽도 2개, 왼쪽이 3개이면 오른쪽은 1개, 왼쪽이 4개이면 오른쪽도 4개가 된다. 즉 처음 1개를 뽑아서 걸었던 것을 포함하면 남은 산가지는 5개 아니면 9개가 된다. 여기서 5는 4가 1번 들었으므로 홀수, 9는 2번 들었으므로 짝수가 된다. 이때 홀수가 되는 경우와 짝수가 되는 경우의 비율은 3대 1이다.

◆ **설시과정의 천문·철학적 배경**

① 50개의 산대 가운데 1개를 뽑아서 사용하지 않는 것은 제외한 1개가 태극을 상징하며, 태극은 아무런 움직임도 없음을 나타내는 것이다.

② 나머지 49개의 산대를 임의로 둘로 나누어 왼손과 오른손에 잡는 것은 하늘과 땅 혹은 음과 양으로 나뉘어 조화의 근본이 됨을 나타낸다.

③ 왼손에 잡은 산대 중 1개를 뽑아 왼손의 넷째와 새끼손가락 사이에 끼우는 것은 사람을 상징하여 하늘과 땅과 사람의 삼재三才가 갖추어짐을 나타낸다.

④ 오른손으로 왼손의 산대를 네 개씩 덜어내는 것은 4계절을 상징하며, 4개의 기氣가 서로 통하여 만물이 태어나고, 만사가 일어나게 되는 것을 나타낸다.
⑤ 4개씩 덜어낸 나머지 산대를 왼손 넷째와 새끼손가락 사이에 끼우는 것은 윤달[5]을 상징한다.
⑥ 왼손으로 오른손의 산대를 4개씩 덜어내고 나머지를 왼손의 가운데 손가락과 4번째 사이에 끼운다는 것은 윤달이 5년에 두 번 들어온다는 것을 나타낸다.

● 제2변

1변이 끝난 다음에는 1변의 과정에서 덜어내고 난 나머지 산대 즉 5개 혹은 9개를 제외한 44개 또는 40개의 산대를 가지고 1변과 똑같은 과정을 거친다. 이것이 2변이다.

2변 후에 나머지 산대는 왼쪽이 1개면 오른쪽은 2개, 왼쪽이 2개면 오른쪽은 1개, 왼쪽이 3개면 오른쪽은 4개, 왼쪽이 4개면 오른쪽은 3개가 된다. 여기에 처음 새끼손가락과 4번째 손가락 사이에 낀 1개를 합하면 4개 아니면 8개가 된다. 4개는 4가 1번 들어가므로 홀수, 8은 4가 2번 들어가므로 짝수가 된다.

---

[5] 윤달은 두 종류가 있다. 하나는 양력에서 2월을 평년에는 28일로 하고, 윤년에는 29일로 하는 경우다. 다른 하나는 양력(태양력)과 음력(태음력)을 배합하여 쓰는 '태음태양력'에서 3년에 1개월 더 두고, 5년에 다시 윤달을 1개 더 두는 경우다. 이렇게 되는 이유는 앞에서 자세히 설명한 바 있음.

● 제3변

2변 후에 덜어낸 산대를 합하면 40개, 36개, 32개 중 하나의 수가 된다. 이 산대를 가지고 다시 1·2변과 같은 과정을 거친다. 이것이 3변이다.

3변 후 남은 산대의 수도 2변 후 남은 수와 같다.

◆ 괘 그리기

① 이렇게 제1변, 제2변, 제3변의 과정을 마친 뒤에 책상의 동쪽에서부터 차례로 놓아둔 산대, 즉 덜어내고 남은 산대의 수가 홀수인가 짝수인가를 가려서 1개의 효를 그릴 수 있다. 즉 남은 산대의 수가 5나 4면 홀수, 9나 8이면 짝수가 된다. 홀수는 양효가 되고, 짝수는 음효가 된다.

제1변, 제2변, 제3변 모두 홀수 즉 5·4·4이면 합은 13이 되고, 덜어낸 산대는 36이 된다. 이것은 노양老陽(혹은 태양太陽)으로, 노양효 '━□'로 표시하고, 이것을 '중重'이라고 한다.

② 남은 산대 수가 홀수 2번, 짝수 1번, 예컨대 5·4·8이면 남은 산대는 17개이고, 덜어낸 산대는 32로 소음少陰이 되며, '╍'로 표시하고, 이것을 탁拆이라고 한다.

③ 남은 산대 수가 짝수 2번, 홀수 1번, 예를 들어 9·8·4이면 남은 산대는 21개이고, 덜어낸 산대는 28개가 된다. 이것은 소양少陽으로, '━'으로 표시하고 단單이라고 부른다.

④ 남은 산대 수가 모두 짝수, 즉 9·8·8이면 남은 산대는 25개이며, 덜어낸 산대는 24개로 노음老陰(태음太陰)이며, '╍×'로 표시하고, 교交라고 한다.

이렇게 3변의 과정을 거쳐 1개의 효를 얻을 수 있으므로 6개의 효로 이루어진 1개 괘를 얻기 위해서는 모두 18변의 과정이 필요한 것이다. 이제 18변의 과정을 마치고 6개의 효를 얻었다고 가정하고 얻은 효로 괘를 그려보자.

먼저 처음 3변에서는 덜어내고 남은 수가 모두 홀수, 즉 5·4·4로 ―□(重)이고, 두 번째는 모두 음수, 즉 9·8·8로 ――X(交)이고, 세 번째는 5·8·4로 홀수 2개에 짝수 1개로 소음――(拆)이고, 네 번째는 5·4·8로 역시 소음――(拆)이고, 다섯 번째는 9·8·4로 짝수 2개에 홀수 1개로 소양―(單)이고, 여섯 번째는 9·4·8로 역시 소양―(單)을 얻었다고 가정한다.

효는 아래로부터 위로 차례로 그어 올라가므로 얻은 효를 차례로 그리면 아래와 같다.

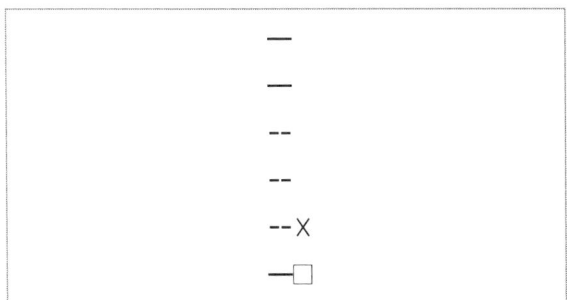

이 괘는 풍뢰風雷 익益괘라고 한다. 아래 3개효로 된 팔괘 또는 소성괘는 진震괘로 우레를 나타내고, 위의 3개효로 된 팔괘는 손巽괘로 바람을 표현한다. 즉 위에 손괘가 있고 아래 진괘가 있는 중괘 또는 대성괘는 풍뢰 익괘가 되는 것이다.

◆ 9·7·8·6과 사상四象

앞서 1개 효를 얻기 위해서는 3변을 거친다고 했다. 그런데 제 1변에서 덜어내고 남은 수는 5나 9이고, 제2변과 제3변에서는 덜어내고 남은 수가 4나 8이 된다. 즉 제1변에서 제3변까지 덜어내고 남은 수는 5, 9, 4, 8이라는 4가지 숫자를 넘지 않는다. 이 네 개의 수를 4로 나누어 각각 몇 개의 4가 포함됐는지를 살펴 음과 양을 구분한다. 만일 4가 1개 포함됐으면 홀수로 곧 양이고, 2개 포함됐으면 짝수로 곧 음이 되는 것이다. 여기서 5와 4는 4가 1개 포함됐으므로 홀수로 양, 9와 8은 2개 포함됐으므로 짝수로 음이 된다.

이렇게 보면 총 3변에서 덜어낸 산대의 홀짝은 다음 4가지 경우가 된다.

첫째 3변이 모두 홀수인 경우다. 이때 덜어낸 산대는 36이 되어 4로 나누면 몫이 9가 된다.

둘째 3변이 모두 짝수인 경우다. 이때 덜어낸 산대는 24개로 몫이 6이 된다.

셋째 3변 중에서 홀수가 한번, 짝수가 2번으로 효는 양효가 되는 경우다. 이때 덜어낸 산대는 모두 28개로 몫은 7이 된다.

마지막으로 3변 중에서 홀수 2번, 짝수 1번이 되어 음효가 되는 경우다. 이때 덜어낸 산가지는 32로 몫은 8이 된다.

여기서 3변이 모두 홀수인 양효는 9로 태양, 한 번만 홀수로 양효가 된 것은 7로 소양, 모두 짝수로 음효가 된 경우는 6으로 태음, 한 번만 짝수로 음효가 된 것은 8로 소음이 된다.

따라서 6획 괘에서 양효를 9로, 음효를 6으로 부르는 연유가 이와 같이 산대를 세어서 괘를 얻는 설시법(연시법演蓍法)에서 나온 것을 알 수 있다. 또 9·7·8·6이 각 노양·소양·소음·노음으로 사상四象을 나타내는 이유도 알 수 있다.

〈표 24〉 설시수 변화표

	덜어냄	나머지	덜어냄	나머지	덜어냄	나머지	덜어냄	나머지
1변	44	5	40	9	44 40 40	5 9 9	40 44 44	9 5 5
2변	40	4	32	8	36 32 32	8 4 8	36 36 40	4 8 4
3변	36	4	24	8	28	8 8 4	32	4 4 8
역수	9		6		7		8	
홀·짝	3홀		3짝		1홀, 2짝		1짝, 2홀	
사상	노양		노음		소양		소음	

◆ 단單·탁拆·중重·교交

효는 점을 쳐서 얻은 괘를 구성하는 기본 단위요소가 된다. 즉 ─은 양효라고 하며, --은 음효라고 한다.

그런데 효에는 양효 2종류와 음효 2종류가 있다. 즉 양효는 소양(─)과 노양(─□)이 있으며, 음효 역시 소음(--)과 노음(--X)이 있다. 이때 소양(─)효는 단單, 소음(--)은 탁拆, 노양(─□)은 중重, 노음(--X)은 교交라고 부른다.

소양과 소음은 아직 그 기운이 가득 차지 않고 자라는 상태를 타나내며, 노양과 노음은 그 기운이 다 자라서 변화가 임박한 상태를 나타낸다. 즉 노양은 소음으로 변화하고, 노음은 소양으로 변화하게 될 상태가 된 것을 말한다. 이렇게 한 괘에 노양 또는 노음효가 있으면 이들 효가 변하게 되므로 괘도 변하게 된다.

예를 들어 앞의 풍뢰 익괘에서 초효는 노양이므로 변하여 소음이 되고, 2효는 노음이므로 변하여 소양이 된다. 변한 효를 고쳐서 다시 괘를 그리면 풍수風水 환渙괘가 된다.

풍뢰익	풍수환
—	—
—	—
--	--
--	--
-- X	—
— □	--

〈표 25〉 효의 판별과 괘 그리기표

사상	효의 판별	괘 그림	역수	비고
노양	5 4 4	— □	9	重
소양	9 8 4	—	7	單
소음	9 4 4	--	8	拆
노음	9 8 8	-- X	6	交

동전을 던져서 점괘 구하는 법(척전법擲錢法)

시초를 세어서 점괘를 구하는 법은 본래 괘를 구하는 법이라고 하여 본서법本筮法이라고 한다. 본서법은 앞서 설명한 바와 같이 번거롭고 복잡한 과정을 거쳐야 한다. 따라서 여기서는 점괘를 뽑는 이치는 같지만 간단하게 점괘를 구하는 약서법略筮法 가운데 동전을 던져서 괘를 얻는 법을 설명한다.

① 동전을 세 개 준비한다.
② 동전의 앞뒤면 가운데 어느 한쪽을 양효의 면으로, 반대쪽은 음효의 면으로 정한다.
③ 앞에 설명한 점치는 마음과 자세로 점치고자 하는 내용을 주문하고 동전 세 개를 손 안에 모아서 흔든 다음 바닥에 던진다.
④ 던져서 나온 동전의 면을 살펴서 양효 면이 1개고, 음효 면이 2개면 소양효, 음효 면이 1개이고, 양효 면이 2개이면 소음효, 3개가 모두 양효면이면 태양효, 3개가 모두 음효 면이면 태음효가 된다.
⑤ 이렇게 동전을 여섯 차례 던져서 6개 효를 구한 다음 앞의 괘 그리기 절차대로 밑에서부터 효를 그어서 괘를 완성하면 원하는 점괘를 얻을 수 있다.

2. 길흉 판단

점괘를 얻은 다음 길흉을 판단하는 법은 크게 두 종류가 있다. 하나는 전통주역점법 즉 문왕역점법이고 다른 하나는 경방역점법 즉 오행역점법이다.

1) 전통역점법

전통역점법은 괘 중의 효가 변했는 지 여부를 보고 그때 그때의 상황에 따라 『주역』 본경의 해당되는 괘사나 효사를 통해 길흉을 해석하는 방법이다. 이 때문에 전통역점법은 '변점법變占法'이라고도 한다.

점괘를 보고 길흉을 판단하는 법은 구체적으로 전하지 않는다. 현재 알려진 변점법은 송대의 주희가 「계사전」에 나오는 점법과 『춘추좌전』과 『국어』에 나오는 점친 사례들을 분석하여 정리한 것과 중국 현대 주역학자 고형이라는 사람이 고증을 통해 정리한 해석법 등이 있다. 여기서는 주희의 변점법을 소개한다.

● **변점법**
1. 괘에서 하나의 효가 변한 경우는 본괘의 변한 효의 효사爻辭를 본다.
2. 두 개의 효가 변한 경우는 본괘의 변한 효 2개의 효사를 보되, 위의 효(상효上爻)를 위주로 한다.
3. 세 개의 효가 변한 경우는 본괘와 변괘의 괘사卦辭를 본다.
4. 네 개의 효가 변한 경우는 변한 괘에서 변하지 않은 2개 효의 효사를 보되, 아래 효(하효下爻)를 위주로 한다.
5. 다섯 개의 효가 변한 경우는 변한 괘의 변하지 않은 1개 효를 본다.
6. 여섯 개의 효가 모두 변한 경우는 건乾괘와 곤坤괘를 제외한 나머지 괘는 변한 괘의 괘사로 점을 한다.
7. 여섯 개의 효가 모두 변하지 않으면 본래의 괘 괘풀이글을 보아 점을 한다.
8. 건乾괘 곤坤괘의 효가 모두 변하였을 경우에는 건괘는 용구用九, 곤괘는 용육用六으로 점을 한다.

예를 들어 점을 하여 건괘 초효가 변한 괘를 얻었다고 하자.

중천건(본괘)	천풍구(변괘)
—	—
—	—
—	—
—	—
—	—
—□	--

이 경우 점풀이 글은 건괘의 초효 효사를 본다는 말이다. 건괘의 초효 효사는 '초구 잠용물용 初九 潛龍勿用'이다. 즉 "(건괘) 초효는 잠겨 있는 용이니 쓰지 말라."이다. 그런데 『주역전의』에서 정자의 주석을 보면 "초구(건괘에서 맨 아래에 있는 양효)는 만물이 처음 시작하는 단서가 되고, 양기가 바야흐로 움트는 때이다. 성인이 아주 미약하여 용이 물에 잠겨 숨어 있음과 같으니 아직 스스로 쓸 수 없는 것이고, 마땅히 몸을 숨기고 수양하면서 때를 기다려야 한다."[6]라고 풀이하고 있다.

예를 하나 더 보자. 점을 하여 중지곤괘에서 맨 아래 초효만 변하지 않고 위로 5개 효가 모두 변한 괘를 얻었다고 하자. 그러면 본괘의 변하지 않은 1개효, 즉 초효의 효사를 참고하여 길흉을 판단하는 것이다.

---

[6] 『周易傳義』, "初九 在一卦之下 爲始物之端 陽氣方萌 聖人側微 若龍之潛隱 未可自用 當晦養以俟時".

중지곤(본괘)	지뢰복(변괘)
-- X	—
-- X	—
-- X	—
-- X	—
-- X	—
--	--

곤괘 초효의 효사는 "초육은 서리를 밟으면 굳은 얼음이 (곧)이어서 온다(初六 履霜 堅氷至)."이다. 이에 대하여 주자는 "서리는 음기가 맺힌 것이니 음기가 성하면 물이 얼어서 얼음이 된다. 이 효는 음이 아래에서 처음 생겨나서 그 단서가 심히 미미하지만 그 기세가 반드시 성하게 되므로 그 형상이 서리를 밟으면 굳은 얼음이 될 것을 알 수 있는 것이다."[7]라고 풀이한다.

2) 오행역점법

다음 경방역점법에서 구체적으로 소개되는 오행역점에 의한 길흉 판단은 말 그대로 괘와 효에 간지를 붙여서 간지오행의 상생과 상극에 의한 관계로 해석하는 것이다. 물론 이 경우는 변점법과는 달리 괘사와 효사를 보지 않는다.

---

[7] 『周易傳義』, "霜陰氣所結 盛則水凍而爲氷 此爻陰始生於下 其端甚微而其勢必盛 故其象如履霜則知堅氷之將至也".

전통 『주역』 읽기

1. 『역경』의 구성

주역이라는 책을 읽기 위해서는 먼저 『역경』이 어떻게 짜였는가에 대해 이해하는 것이 필요하다.

본래의 『역경』은 괘의 이름(괘명), 괘상, 괘사와 효사로 구성돼 있다.

이 본래의 『역경』에 공자가 처음으로 해설을 한 책이 『역전』이다.

본래의 『역경』과 『역전』을 합쳐서 하나의 책으로 만든 것이 일반적으로 말하는 『역경』이다.

통상 말하는 『역경』은 괘명, 괘상, 괘효사 외에 괘사 밑에 괘상에 대한 해석인 「단전」과 「상전」을 붙이고, 괘의 각 효사 밑에는 다시 효상에 대한 해석인 「상전」을 붙였다. 다만 건乾괘와 곤坤괘에 한해 맨 끝부분에 「문언전」을 붙였다. 그리고 『역전』 가운데 괘사와 효사 밑에 붙이지 않은 「계사전」, 「설괘전」, 「서괘전」, 「잡괘전」은 책의 말미에 따로 첨부하였다.

그리고 현재 우리나라에서 일반적으로 많이 읽히는 『주역전의』라는 책은 통칭되는 『역경』에 다시 송나라 때 학자인 정자가 주석한 『정전』과 주자의 『주역본의』를 곁들였다. 즉 『주역』에 대해 『정전』과 『주역본의』 주석을 덧붙였다고 하여 『정전』의 '전' 자와 『주역본의』의

'의' 자를 따서 『주역전의』라고 이름을 붙인 것이다.
그런데 여기서 알아둘 것은 괘사와 효사 밑에 붙인 「단전」, 「상전」, 「문언전」은 '단왈彖曰', '상왈象曰', '문언왈文言曰'로 시작되므로 본경 『역경』과 쉽게 구분할 수 있다는 점이다. 또 『정전』은 『전』, 『주역본의』는 『본의』라고 약칭을 표시해놓고 있다.

2. 천지자연은 음양의 조화물이다

『역경』은 공자가 주석을 한 『역전』이 있고, 다시 정자와 주자를 비롯한 많은 석학이 해설을 붙였으나 사람들은 그 내용을 이해하기 쉽지 않다고 생각한다. 그러나 앞서 〈기초편〉과 〈원론편〉에서 설명한 내용을 충분히 참고하여 읽으면 『주역』을 이해하는 데 도움이 될 것이다.
여기서는 『주역』의 내용이 왜 그렇게 해석이 되는 지에 대한 보편적 근거들을 정리하여 소개하고자 한다.

1) 음양의 상반상성相反相成 원리

『주역』은 우주만물이 생성 변화하는 이치를 담은 책이다. 그런데 우주만물의 생성 변화는 음과 양의 작용에 의하여 이루어진다. 그리고 음양의 작용에 의해 이루어지는 우주만물의 생성 변화하는 이치를 '도'라고 한다. 그래서 「계사전」에서는 "음이 한 번 작용하고, 양이 한 번 작용하는 것을 도라고 한다."[8]라고 밝히고 있는 것이다.
그런데 음과 양은 우선 서로 짝을 이루면서 서로 대립하고, 또 서로 이루어주는 작용을 한다. 이것을 '상반상성相反相成'의 원리라고 말한다. 이렇게 음과 양이 서로 짝을 이루어 대립하는 상태는 공간성이 있는 것으로 볼 수 있다.

음양은 짝을 이루어야만 서로 감응하면서 변화를 일으킬 수 있다. 하지만 음양은 짝을 구성하더라도 균형을 이루어야 조화가 된다. 짝을 이루는 음양이 조화하지 못하면 변화운동을 순조롭게 할 수 없게 되고, 그러면 길한 결과를 기대하기 어려운 것이다.

음양이 짝을 이루면서 서로 감응하여 변화를 만드는 것을 교역交易이라고 하는데, 음이 양과 교감하고, 양이 음과 교감하여야만 만물이 태어나게 된다. 그래서 함咸괘의 「상전」에서는 "천지가 감응하면 만물이 화생한다."[9]라고 풀이하는 것이다. 물론 사람의 경우에도 남녀가 교감하여야 자식을 낳을 수 있다.

『주역』에서는 이처럼 음양의 대대를 통한 감응의 원리가 모든 괘에 적용되고 있다. 예컨대 대성괘大成卦에서 상괘와 하괘가 서로 짝을 이루고, 64괘의 배열에서도 하늘을 상징하는 건乾괘와 땅을 상징하는 곤坤괘가 짝이 된다.

『주역』에서 천지의 교감을 대표적으로 상징하는 괘는 태泰(䷊)괘이다. 태괘의 상괘는 땅을 상징하는 곤괘(☷)이고, 하괘는 하늘을 상징하는 건괘(☰)다. 즉 천지가 짝을 이루어 서로 교감하므로 조화와 균형을 이루어 크게 형통하는 의미를 갖는 것이다.

또 뇌풍항恒(䷟)괘의 경우도 상괘는 진괘(☳), 하괘는 손괘(☴)로 이

---

8) 「계사전」 상5장, "一陰一陽之謂道".
9) 『易經』 咸괘 "象曰 天地感而萬物化生".

루어져 서로 대응하는 초효와 3효, 2효와 4효, 3효와 상효가 서로 음양이 치우치지 않고 조화를 이루고 있다. 그래서 항괘 괘사는 "항은 형통해서 허물이 없으므로 바르고 굳게 하는 것이 이롭고, 가는 바를 둠이 이롭다."10)라고 하는 것이다.

2) 음양의 물극필반物極必反 원리

음양은 짝을 이루면서 쉬지 않고 변화를 이어간다. 이것을 음양의 유행流行이라고 한다. 밤이 가면 낮이 오고 낮이 가면 밤이 오고, 달이 차면 기울고 다시 차는 것과 같이 음양이 순환 왕래한다. 즉 음이 번성하여 극에 이르면 양이 이어받고, 다시 양이 번성하여 극에 이르면 음이 이어받는다. 이런 이치는 만물은 극에 이르면 반드시 되돌아온다는 '물극필반物極必反'의 원리를 보여주는 것이다.

이 말은 자연은 유행 즉 물극필반의 운동을 통해 저절로 음양의 균형을 이루어 가는 것으로 해석되는 것이다.

그런데 변화 유행은 시간상에서 이루어지는 것이다. 시간은 천지 안에서 일어나는 변화에 의해 성립한다. 즉 시간은 만물이 가득 차고, 차면 비우게 되는 '소식영허消息盈虛'를 말하는 것이다. 그래서 공자가 「단전」을 지으면서 시時에 관해 말한 것이 20괘나 된다.

음양 변화가 상황에 맞는 때가 있음을 설명하는 괘를 예로 들면 혁革괘 「단전」에서는 "천지가 변혁하여 사시가 이루어진다."11)라고 하고, 절節괘 「단전」에서는 "천지에 마디가 있어 사계절이 이루어진

---

10) "恒 亨 无咎 利貞 利有攸往".
11) 「革:彖傳」, "天地節而四時成".

다."¹²⁾라고 했다. 또 풍豐괘 「단전」에서는 "천지의 차고 빔도 때에 따라 소식한다."¹³⁾라고 했다.

이 말들을 종합하면 변화는 시간에 따라 일어나며, 때가 되어야 사물의 변화가 일어난다는 것이다. 즉 변화 자체는 항시 일어나지만, 그 변화는 일정한 시간이 흘러야 매듭지어진다. 때가 되어야 싹이 나고 꽃이 피며 열매가 맺는다. 입추로부터 일정한 시간이 흘러야만 첫눈이 내린다. 사물은 나름대로 정해진 때가 되어야만 변화하기 마련이다.

괘의 효에서 때를 말한 예를 들어보자. 곤坤괘 초효 효사는 "서리를 밟으면 단단한 얼음이 이른다."¹⁴⁾라고 했다. 『정전』에서는 이것을 "음이 처음 아래에서 생겨나니 지극히 미약하나, 성인은 음이 처음 생겨날 때에 그 음이 장차 자라날 것을 경계하였다. 음이 처음 응결하여 서리가 되니, 서리를 밟으면 마땅히 음이 점점 성하여 단단한 얼음에 이를 것을 알아야 한다."¹⁵⁾라고 해석했다. 이는 곤坤괘가 12벽괘 중에서 겨울이 시작되는 음력 10월괘에 해당하고, 겨울이 시작되는 중에도 그 처음을 나타내는 초효에 대한 해석이다. 겨울의 처음은 서리로 시작되지만 시간이 갈수록 얼음이 꽁꽁 얼어 맹추위가 닥치게 되는 것이다. 따라서 곤坤괘 초효의 때에는 이에 맞는 상황이 있음을 알 수 있는 것이다.

---

12) 「節:彖傳」, "天地革而四時成".
13) 「豊:彖傳」, "天地盈虛 與時消息".
14) 『易經』坤 初爻辭, "履霜堅氷至".
15) 『程傳』, "陰始生於下 至微也 聖人 於陰之始生 以其將長 則爲之戒 陰之始凝而爲霜 履霜則当知陰漸盛而至堅氷矣".

건乾괘 상효의 효사는 "끝까지 올라간 용이니 뉘우침이 있으리라."16) 이다. 『정전』은 "구오는 지극한 중정中正의 자리이니, 때를 얻음이 지극하고, 구오를 지나면 지나치게 높음이 된다. 상구는 지나치게 높은 곳에 이르렀으므로 뉘우침이 있는 것이니, 지나침이 있으면 뉘우침이 있다."17)라고 주석한다. 또 『본의本義』는 "상上은 가장 위에 있는 한 효의 명칭이고, 항은 높음이 지나쳐서 내려오지 못하는 뜻이다. 양이 위에서 지극하여 움직이면 반드시 뉘우침이 있다."18)라고 주석한다. 즉 건乾괘는 12벽괘에서 여름이 시작되는 4월괘로서 여섯 효가 모두 양효이다. 건괘 다음에 오는 괘는 구姤괘로서 건괘의 여섯 효가 그 세를 다하고 맨 밑에서 처음으로 음효가 생겨나는 괘이다. 이로 보면 양의 때가 다하면 음의 때가 시작되므로 마땅히 후회가 있게 된다고 한 것임을 알 수 있다. 이 또한 "천지의 영허가 때에 따라 소식한다."라는 것에 지나지 않는다.

이 밖에 여러 괘의 「단전」에서 말하는 때에 관한 언급을 들어본다. 건乾괘에서는 "때때로 여섯 마리의 용을 타고서 하늘을 주재한다."19), 몽蒙괘에서는 "형통하다는 것은 때에 알맞게 행한다는 것이다."20), 大有괘에는 "하늘에 응하여 때에 행한다."21), 손損괘와 익益괘에는 "때와 더불어 같이 행한다."22), 승升괘에는 "부드러움이 때를 기다려 올라

---

16) 乾卦 上爻辭, "亢龍有悔".
17) 『程傳』, "九五者 位之極中正者 得時之極 過此則亢矣 上九至於亢極 故有悔也 有過則有悔".
18) 『本義』, "上者 最上一爻之名 亢 過於上而不能下之意也 陽極於上 動必有悔".
19) 「乾:彖傳」, "時乘六龍以御天".
20) 「蒙:彖傳」, "以亨行時中也".
21) 「大有:彖傳」, "應乎天而時行".
22) 「損, 益:彖傳」, "與時偕行".

간다."²³⁾, 간艮괘에는 "동정이 그 때를 잃지 않는다."²⁴⁾, 풍豊괘에는 "천지의 차고 비는 것은 때와 더불어 소식하는 것이다."²⁵⁾, 소과小過괘의 "때와 더불어 행한다."²⁶⁾ 등은 모두 시의 중요성을 말하는 것이다.

3. 괘상卦象 읽기

괘효사가 나타내는 의미를 올바로 파악하기 위해서는 먼저 괘상을 살펴야 한다. 괘상은 단괘單卦인 팔괘와 중괘重卦인 64괘로 구분되며, 중괘의 괘상은 팔괘 2개를 겹친 것이다. 따라서 중괘의 상을 이해하기 위해서는 팔괘를 알아야 한다.

괘를 해석하는데 실마리가 되는 내용들은 「설괘전」에서 찾을 수 있다. 「설괘전」에 의하면 팔괘는 만물을 상징한다. 예를 들면 "건乾괘는 말이 되고, 곤坤괘는 소가 되고, 진震괘는 용이 되고, 손巽괘는 닭이 되고, 감坎괘는 돼지가 되고, 이離괘는 꿩이 되고, 간艮괘는 개가 되고, 태兌괘는 양이 된다."²⁷⁾라고 하여 팔괘와 만물의 상을 연결하고 있다.

또 7장에서는 "건乾은 굳셈이요, 곤坤은 순함이요, 진震은 움직임이요, 손巽은 들어감이요, 감坎은 빠짐이요, 이離는 걸림이요, 간艮은 그침이요, 태兌는 기뻐함이다."²⁸⁾라고 하여 팔괘의 성질을 설명한다.

---

23) 「升:彖傳」, "柔以時升".
24) 「艮:彖傳」, "動靜不失其時".
25) 「豊:彖傳」, "天地盈虛 與時消息".
26) 「小過:彖傳」, "與時行也".
27) 「설괘전」 8장, "乾爲馬 坤爲牛 震爲龍 巽爲鷄 坎爲豕 離爲雉 艮爲狗 兌爲羊".

이것은 팔괘가 갖는 괘의 덕德과 괘의 재질才質을 나타내는 것이다.

팔괘가 갖는 물상과 괘덕은 특정한 것에 한정되는 것이 아니라 만사萬事 만물萬物에 무한히 확장 내지 추연하여 적용이 가능하다. 「설괘전」 11장에는 건괘에 대해 "하늘이 되고, 둥근 것이 되고, 군주가 되고, 아버지가 되고, 옥이 되고, 금이 되고, 추위가 되고, 얼음이 되고, 큰 적색이 되고, 좋은 말이 되고, 늙은 말이 되고, 수척한 말이 되고, 얼룩말이 되고, 나무의 과일이 된다."29)라고 하고, 곤괘에서는 "곤은 땅이 되고, 부모가 되고, 삼베가 되고, 가마솥이 되고, 인색함이 되고, 균등함이 되고, 새끼를 많이 낳아 기른 어미소가 되고, 큰 수레가 되고, 문이 되고, 무리가 되고, 자루가 되며, 땅에 있어서는 흑색이 된다."30)라고 하여, 건괘와 곤괘가 상징하는 물상과 괘덕의 예들을 나열하고 있다. 「설괘전」은 나머지 진, 손, 감, 이, 간, 태괘에 대해서도 이 같은 물상과 괘재의 예를 들고 있다.

또 팔괘는 양괘와 음괘로 구분된다. 건, 진, 감, 간괘는 양괘이고, 곤, 손, 이, 태괘는 음괘다. 이는 괘의 체體를 기준으로 한 것이다.

중괘는 이와 같은 팔괘의 기본적 특성을 토대로 분석이 가능하다. 즉 중괘는 두 개의 팔괘로 이루어지기 때문에 아래의 내상과 위의 외상으로 구분할 수 있다. 이때 팔괘는 각기 상징하는 물상과 괘덕이 있음을 상기하면, 하나의 중괘에는 두 개의 팔괘가 갖는 물상과

---

28) 「설괘전」 7장, "乾健也 坤順也 震動也 巽入也 坎陷也 離麗也 艮止也 兌說也".
29) 「설괘전」 11장, "乾爲天 爲圜 爲君 爲父 爲玉 爲金 爲寒 爲氷 爲大赤 爲良馬 爲老馬 爲瘠馬 爲駁馬 爲木果".
30) 「설괘전」 11장, "坤爲地 爲母 爲布 爲釜 爲吝嗇 爲均 爲子母牛 爲大輿 爲文 爲衆 爲柄 其於地也 爲黑".

괘덕을 내포하게 됨을 알 수 있다. 또 팔괘는 각기 음의 성질과 양의 성질을 가지므로 역시 하나의 중괘에는 내괘와 외괘가 갖는 음양의 성질이 다르거나 같을 수 있다.

또 하나의 중괘에는 각각 괘의 이름이 있다. 「서괘전序卦傳」에는 64괘의 차례를 정하면서 그 이유를 설명하고 있다. 여기서 64괘 각각의 이름이 갖는 의미를 파악할 수 있다.

예를 들어 「서괘전」 첫머리에는 "천지가 있은 뒤에 만물이 생겨나니, 천지의 사이에 가득한 것이 만물이다. 그러므로 둔屯으로써 받았으니, 둔屯은 가득함이고, 만물이 처음 나온 것이다. 물건이 태어나면 반드시 어리므로 몽蒙으로써 받았다. 몽은 어림이니, 물건이 어린 것이다. 물건이 어리면 기르지 않을 수 없으므로 수需로써 받았다. 수需는 음식의 도이다."[31]라고 나온다.

여기서 "천지天地가 있은 뒤에 만물이 생겨나니, 천지의 사이에 가득한 것이 만물이다."라는 대목은 건괘는 하늘을, 곤괘는 땅을 말함을 알 수 있다. 또 "둔屯은 가득함이고, 만물이 처음 나온 것이다."라고 하는 것은 둔괘는 처음 나와 어리다는 뜻을 가지고 있음을 알 수 있다. 이어서 "물건이 나면 반드시 어리므로 몽으로써 받았으니"에서는 몽괘가 어리다는 의미를 갖고 있음을 간파하게 된다. 그래서 어린이를 '동몽童蒙'이라고 하는 것이다. 한문공부를 할 때 어린이의 몽매함을 깨우치는 책이라는 뜻으로 『동몽선습童蒙先習』, 『계몽啓蒙』의 이름을 붙인 것이다. 또 "수는 음식의 도이다."라고 한 데서는 수

---

31) 「서괘전」, "有天地然後 萬物生焉 盈天地之間者唯萬物 故受之以屯 屯者 盈也 屯者 物之始生也 物生必蒙 故受之以蒙 蒙者蒙也 物之穉 物穉不可不養也 故受之以需 需者 飮食之道也".

괘가 음식과 관련된 의미를 나타내고 있음을 알 수 있다. 「서괘전」은 『역경』 64괘의 괘명이 나타내는 의미를 이와 같이 설명하고 있다.

말하자면 64괘의 각 괘상이 갖는 의미는 괘명과, 내괘와 외괘의 상이 갖는 물상과 괘덕, 음양의 성질 등을 통해 파악할 수 있는 것이다. 예를 들면 둔屯괘에 대해 『정전程傳』은 "천지가 만물을 내니, 둔은 물건이 처음 나온 것이다. 그러므로 건괘와 곤괘의 뒤를 이었다. 두 상으로써 말하면 구름과 우레가 처음 일어남은 음과 양이 처음 사귀는 뜻이 있다. 또 두 체로 말하면 진震이 처음 아래에서 사귀고, 감坎이 처음 가운데서 사귀었으니, 음과 양이 서로 사귀어야 구름과 우레를 이룬다. …… 험한 가운데서 동하니 또한 둔의 뜻이다. 음과 양이 사귀지 않으면 비否괘가 되고, 처음 사귀되 통창通暢하지 않으면 둔屯괘가 되니, 시대에 있어서는 천하가 고난에 허덕여 형통하지 못하는 때이다."32)라고 해석한다.

여기서 "천지가 만물을 내니, 둔屯은 물건이 처음 나온 것이다. 그러므로 건괘와 곤괘의 뒤를 이었다."라고 함은 「서괘전」에 의한 괘명으로 해석한 것임을 알 수 있다. 또 "두 상으로써 말하면 구름과 우레가 처음 일어남은 음과 양이 처음 사귀는 뜻이 있다. 또 두 체로 말하면 진震이 처음 아래에서 사귀고, 감坎이 처음 가운데서 사귀었으니, 음과 양이 서로 사귀어야 구름과 우레를 이룬다."라고 한 대목은 내외 상의 물상과 괘재와 음양의 성질을 고려하여 해석하고 있다.

요약하면 괘명卦名, 괘상卦象, 괘재卦才, 괘위卦位가 괘의 기본성격

---

32) 『程傳』 屯, "天地生萬物 屯 物之始生 故繼乾坤之後 以二象言之 雲雷之興 陰陽始交也 以二體言之 震始交於下 坎始交於中 陰陽相交 乃成雲雷 …… 又動於險中 亦屯之義 陰陽不交則爲否 始交而未暢則爲屯 在時則天下屯難未亨泰之時也".

과 구조 그리고 기능을 나타내며, 괘상을 통한 해석은 이런 요소들을 전체적으로 고려하여야 가능하다고 할 수 있다.

4. 효상爻象 읽기

1) 효의 자리(효위爻位) 분석

효의 위치는 『주역』의 이치(道)를 공간변화에 적용시킨 것이다. 한 괘에는 여섯 효가 있다. 괘의 여섯 효는 아래로부터 초(1), 2, 3, 4, 5, 상(6)의 순서로 그 자리(位)를 차지한다. 효의 위치가 다르면 효사의 뜻도 달라진다. 이것은 점치는 사람의 처지가 다르면 그 해결방법도 다른 것을 의미한다. 예를 들어 여섯 마리의 용을 나타내는 건괘에서 초효의 효사는 "잠겨 있는 용이니 쓰지 말라.(잠룡潛龍 물용勿用)"이다. 건괘 초효는 괘의 맨 밑에 있으므로 이 때 용의 자리는 숨어있는 것을 의미하므로 드러나서는 안 된다는 것을 말한다. 또 상효의 효사는 "끝까지 올라간 용이니 후회한다.(항룡유회亢龍有悔)"이다. 건괘의 상효는 괘의 맨 끝자리이므로 더 이상 올라갈 수 없고, 움직이면 떨어짐을 의미한다.

그런데 효는 음효와 양효가 있어서 한 괘에는 각기 음효의 자리와 양효의 자리가 정해져 있다. 초, 3, 5는 양효의 자리이며, 2, 4, 상은 음효의 자리이다.

또 효에는 존귀한 자리와 낮은 자리가 있다. 예를 들어 초효는 말단 선비, 2효는 대부, 3효는 재상, 4효는 제후, 5효는 국왕, 상효는 종묘 등으로 구분하기도 한다. 또 한 괘 중 내괘 또는 하괘와 외괘

혹은 상괘는 각각 3개 효로 구성되며, 이 내괘와 외괘에는 각기 초, 중, 상의 자리가 있다. 즉 내괘에서 2효와 외괘의 5효는 각각 한 괘에서 중中의 자리를 차지한 것이다. 역에서는 통상 내괘의 중인 2효를 신하臣下의 자리로, 외괘의 중인 5효를 군왕君王의 자리로 해석한다.

또 한 괘의 6개 효에서 초와 2효는 땅, 3효와 4효는 사람, 5효와 상효는 하늘을 상징하여 천天, 지地, 인人의 삼재三才를 의미하기도 한다.

2) 효의 때(時)에 대한 분석

『주역』에서 시간의 변화를 나타내는 시時와 공간의 변화를 의미하는 위位는 『주역』의 변화원리의 두 가지 요소이다. 그런데 길흉회인에 대한 영향은 시時가 더 크다. 왜냐하면 위位의 경우는 상황에 따라서 사람의 힘으로 변통이 가능하다. 예를 들면 건괘의 3효 효사는 "군자君子가 종일 힘써서 일하고 저녁에도 두려워하고 조심하면 허물이 없을 것이다.(군자君子 종일건건終日乾乾 석척약石惕若 려厲 무구無咎)"라고 한다. 다시 말해 3효의 자리는 위험한 상황이지만 이때 사람이 최선을 다하고 삼가하면 위험한 상황을 피할 수 있다는 것이다.

그러나 시간은 한 번 지나가거나 놓치면 바로 잡을 기회가 없기 때문이다.

3) 효의 중中·정正에 대한 분석

괘의 효에는 음효와 양효가 있다. 양효는 강剛하고 높고 나가는 것을 상징하고, 음효는 부드러우며(柔) 낮고 후퇴하는 것을 나타낸다.

또 효는 같은 성질의 효끼리는 친하지 않아 서로 배척하고, 다른 성질의 효끼리는 친하여 서로 끌어당긴다.

괘의 효는 이런 특성으로 인해 중中, 정正, 응應, 비比의 개념을 낳는다. 괘효사의 해석은 효의 이런 문제들이 한 괘 내에서 어떻게 서로 작용하는가를 보고 판단해야 한다.

먼저 中에 관하여 알아본다. 역의 괘효에 대한 중의 문제는 두 가지를 들 수 있다. 하나는 내외 괘상의 2와 5효를 가리키는 것이고, 다른 하나는 괘 전체에서 3과 4효를 말하는 것이다. 후자는 한 괘에서 1, 2효를 땅으로, 3, 4효를 사람으로, 5, 6효를 하늘로 보는 천, 지, 인 三才의 개념을 반영한 것으로 괘효사의 해석에서 그다지 쓰이지 않는다. 따라서 여기서는 전자의 문제에 대해 소개한다.

역에서 中은 자리가 중을 얻은 것을 말하지만 더 나아가 일정한 상황에 적중한다(時中)는 것을 말한다. 몽蒙괘 「단전彖傳」에서는 "'몽형蒙亨'은 형통함으로써 행함이니, 때를 얻었고 중도에 맞기 때문이다."33)라고 한다. 「정전程傳」은 이 대목을 "몽이 형통함은 형통할 도로써 행하기 때문이다. 이른바 형통할 도라는 것은 때에 맞는 것(시중)이니, 시는 군주의 응을 얻음을 말하고, 중은 처함이 중을 얻음을 이르니, 중을 얻으면 때에 맞는다."34)라고 주석한다.

효가 中을 얻지 못하면 '不中'으로 일반적으로 흉함을 나타낸다. 대장大壯괘 초구효 「단전」은 "발에 장성함이니, 가면 흉함이 틀림없으리라."35)이다. 이에 대해 『정전程傳』은 "초는 양효이고 강건(양강陽

---

33) 「蒙卦:彖傳」 "蒙亨 以亨行 時中也".
34) 「程傳」蒙, "蒙之能亨 以亨道行也 所謂亨道時中也 時 謂得君之應 中 謂處得其中 得中則時也".

剛)한 건체乾體로서 아래에 처하여 나아가기를 장성하게 하는 자이니, 아래에 있으면서 장성함을 씀은 발에 장성한 것이다. 발은 아래에 있으면서 나아가 동하는 물건이다. 九가 아래에 있으면서 장성함을 쓰고 그 중을 얻지 못했으니, 강으로써 장壯에 처함은 비록 위에 있더라도 오히려 행할 수 없는데 하물며 아래에 있어서이겠는가? 그러므로 가면 흉함이 틀림없는 것이다."36)라고 주석한다. 대장大壯괘 초구효가 강효로서 부중不中하기 때문에 흉하게 된 것이라고 말하는 것이다.

다음 자리가 바르지 못하다는 것은 무엇을 말하는가? 역에서 말하는 正이란 괘에서 1, 3, 5의 자리에 양효가 위치하고, 2, 4, 6의 자리에 음효가 온 것을 말한다. 즉 양의 자리에 양효가 있고, 음의 자리에 음이 있어야 한다는 것이다. 만약 1, 3, 5의 자리에 음효가, 2, 4, 6의 자리에 양효가 오게 되면 이는 '不正'이라고 한다. 한 괘에서 효가 正을 얻으면 길한 것으로, 그렇지 못하면 흉한 것으로 보는 것이 일반적이다. 正은 바른 자리를 지키기 때문에 명분상 바름 또는 도덕적 의무 내지는 의義를 나타낸다.

예를 들어 준屯괘 초구효初九爻의 괘사는 "주저함이니 정貞에 거함이 이로우며 제후를 세움이 이롭다."37)이다. 이에 대해 『정전程傳』은 "초는 양효로서 아래에 있으니, 바로 강건하고 밝은(강명剛明) 재주로 어려운 세상을 당하여 낮은 지위에 있는 자이니, 당장 가서 어려움을

---

35) 『易經』 大壯, 初九 "象曰 壯于趾 征 凶 有孚".
36) 『程傳』 大壯, "初 陽剛乾體而處下 壯于進者也 在下而用壯 壯于趾也 趾 在下而進動之物 九在下用壯而不得其中 夫以剛處壯 雖居上 猶不可行 況在下乎 故征則其凶有孚".
37) 『易經』 屯, 初九 爻辭, "初九 磐桓 利居貞 利建侯".

구제할 수 없다. 그러므로 주저하는 것이다. 둔의 초기를 당하여 주저하지 않고 갑자기 나가면 어려움을 범한다. 그러므로 마땅히 바름에 머물면서 그 뜻을 견고히 지켜야 하는 것이다. 무릇 사람이 어려움에 처하면 정도를 지키는 자가 적으니, 만일 정고貞固한 지킴이 없으면 장차 의를 잃을 것이니, 어떻게 세상의 어려움을 구제하겠는가? 둔의 세상에 거하여 아래에서 어려움을 당하고 있으니, 마땅히 도와주는 사람을 두는 것이 바로 어려움에 처하여 어려움을 구제하는 길이다. 그러므로 제후를 세우는 뜻을 취하였으니, 보조할 자를 구함을 말하는 것이다."38)라고 주석한다. 이는 둔괘 초구효가 자리가 바른 효이기 때문에 정도와 의리를 지켜야만 이로움이 있다는 것이다.

그런데 中과 正의 대비에서는 일반적으로 正보다 中을 중요하게 본다. 「정전程傳」은 진震괘 육오효 주석에서 "육오는 비록 음으로서 양의 자리에 거하여 자리가 마땅하지 않아 不正함이 되나 유로서 강위에 거하고 또 중을 얻었으니, 이는 중덕中德을 간직하고 있는 자이다. 중을 잃지 않으면 정에서 떠나지 않으니, 이 때문에 중이 귀한 것이다. 여러 괘에 二와 五는 비록 자리가 마땅하지 않더라도 중을 아름답게 여긴 경우가 많고, 三과 四는 자리가 마땅하더라도 혹 중하지 못함을 잘못(과過)이라 한 경우가 있으니, 중이 항상 정보다 중하기 때문이다. 중이면 정에서 떠나지 않고 정은 반드시 중하지는 못하기 때문이다. 천하의 이치가 중보다 더 좋은 것은 없으니, 육이

---

38) 『程傳』屯, "初以陽爻在下 乃剛明之才 当屯難之世 居下位者也 未能便往濟屯 故磐桓也 方屯之初 不磐桓而遽進 則犯難矣 故宜居正而固其志 凡人處屯難 則鮮能守正 苟无貞固之 守 則將失義 安能濟時之屯乎 居屯之世 方屯於下 所宜有助 乃居屯濟之道也 故取建侯之 義 謂求輔助也".

와 육오에서 볼 수 있다."39)라고 말한다. 『정전』은 중하면 바름을 얻지 않음이 없어 중이 정보다 중요하며, 더 나아가 천하의 이치에는 중보다 더 나은 것이 없다는 것을 강조하고 있다.

4) 효의 응應·비比에 대한 분석

응應은 감응感應한다는 뜻으로 음효와 양효가 서로 감응함을 말하는 것이다. 한 괘에서 초효와 4효, 2효와 5효, 3효와 상효는 서로 대응관계를 이루는데, 이때 대응하는 효가 서로 음양이 다르면 정응正應이라고 하며, 음양이 서로 같으면 적응敵應이라고 부른다.

그리고 한 효와 인접한 효와의 관계를 비比라고 하는데, 이 때 이웃하는 효끼리도 음양이 같으면 서로 배척하는 성향이 있고, 음양이 다르면 친하고자 하는 성질이 있는 것이 일반적이다.

이웃한 효끼리의 관계에서 음효가 양효의 아래에 있으면 승承이라고 하며, 음효가 양효의 위에 있으면 승乘이라고 말한다. 이 承·乘의 문제에서도 일반적으로는 承은 아래로 향하는 성질의 음효가 위로 향하는 성질의 양효 아래에 위치하므로 바람직한 것으로 보며, 乘은 그 반대로 해석한다.

이상을 정리하면 괘효사의 해석은 한 괘의 전체적 의미와 성격을 지시하는 괘상과 괘를 이루는 여섯 효의 자질과 서로 간의 조응관계를 통해 조화와 중도를 이루었는지 여부를 살핌으로서 가능하다고

---

39) 『程傳』 震 六五, "六五雖以陰居陽 不当位 爲不正 然以柔居剛 又得中 乃有中德者也 不失中 則不違於正矣 所以中爲貴也 諸卦 二五 雖不当位 多以中爲美 三四 雖当位 或以不中爲過 中常重於正也 蓋中則不違於正 正不必中也 天下之理 莫善於中 於九二六五 可見".

할 수 있다.

5. 괘효사 읽기

　괘사와 효사는 이처럼 음양이 상반상성하는 원리와 물극필반(소장消長)하는 원리를 바탕으로 괘상과 효상이 상징하여 표현하는 천지자연의 운행법칙을 말로 설명한 것이다.

　그런데 『주역』이란 책은 먼저 천지자연의 법칙을 말하고, 이를 근거로 사람이 살아가는 이치를 설명하고 있다. 천지자연에 때가 있는 것처럼 인간 사회의 모든 일도 적절한 때가 있다는 것이다. 예컨대 악이 자라기 시작할 때 제거하거나 바로 잡으면 쉽게 목적을 달성할 수 있지만, 악이 이미 자라서 그 힘이 막강해진 뒤에는 이를 제거하기가 매우 힘든 것과 같은 경우다. 그래서 곤坤괘「문언전」에서는 "신하가 군주를 시해하며 자식이 아비를 시해하는 것은 하루아침과 하루저녁의 변고가 아니요, 그 말미암아 온 것이 점진한 것이니, 앞뒤를 잘 분별하여 일찍 대처하지 않음에서 말미암은 것이다."[40]라고 한다. 모든 인사에 있어 때를 알아 미리 대처하면 일을 이룰 수 있지만 그렇지 못하면 일을 망치고 흉하게 됨을 말하는 것이다.

　여기서는 『주역』의 괘효사 중에서 '수신修身의 도道'와 집안을 다스리는 '가도家道' 그리고 임금과 신하의 관계를 말하는 '군신君臣의 도道'를 말하는 대목들을 예로 들어 본다.

---

40) 「坤:文言傳」"臣弑其君 子弑其父 非一朝一夕之故 其所由來者漸矣 由辨之不早辯也".

1) 수신修身의 도道

수신修身과 관련하여 건乾(䷀)괘 삼효사는 "군자가 종일토록 힘쓰고 힘쓰며, 저녁에도 뉘우치면 위태로우나 허물이 없으리라."41)라고 한다. 이에 대해 朱子의 『본의』는 "九는 양효이고 三은 양의 자리이니 거듭 강하고 中의 자리가 아닌데다, 하괘의 위에 있으니 위태로운 자리이다. 그러나 성性과 체體가 강건하여 힘쓰고 힘써 두려워하고 위태롭게 여기는 상이 있으므로 그 점괘가 이와 같은 것이다. 군자는 점치는 자를 가리켜 말한 것이니, 근심하고 두려워하기를 이와 같이 하면 비록 위태로운 자리에 처하더라도 허물이 없음을 말한 것이다."42)라고 주석하고 있다. 이는 乾괘 삼효의 처한 상황이 中을 잃고 강강한 데다 하괘의 끝자리여서 말 그대로 조화와 균형을 잃었음을 지적하고 있는 것이다. 따라서 군자는 이러한 때에 처해서는 근심하고 두려워하며 열심히 노력할 것을 주문하고 있는 것이다.

사람이 마땅히 갖춰야할 덕은 겸손의 덕이 최고일 것이다. 정이程頤는 『정전程傳』의 겸謙(䷎)괘 주석에서 "인정은 가득 찬 것을 미워하고, 겸손한 것을 좋아하며 더불어 한다. 겸손은 사람의 지극한 덕이기 때문에 성인이 겸손해야하는 이유를 자세히 말씀하신 것이니, 가득 참을 경계하고 겸손함을 권하신 것이다."43)라고 한 것에서 이를 확인할 수 있다. 겸謙괘는 땅을 상징하는 곤坤(☷)이 위에 있고, 산을 상징하는 간艮(☶)이 아래에 있어 땅 속에 산이 있는 형상이다. 주자의 『본

---

41) 『易經』乾 初三爻辭, "君子 終日乾乾 夕惕若 厲 无咎".
42) 『本義』, "九陽爻 三陽位 重剛不中 居下之上 乃危地也 然性體剛健 有能乾乾惕厲之象 故其占如此 君子指占者而言 言能憂懼呂是 則雖處危地而无咎也".
43) 『程傳』謙, "人情 疾惡於盈滿而好與於謙巽也 謙者 人之至德 故聖人詳言所以 戒盈而勸謙也".

의』는 "겸은 갖고 있으면서도 내세우지 않음의 뜻이다. 안에서는 그쳐있고 밖에서는 순하니 겸손한 뜻이고, 산은 지극히 높고 땅은 지극히 낮은 것인데, 굽혀서 그 밑에 그쳐 있으니 겸손한 형상이다."44)라고 했다. 즉 겸謙괘는 그침을 상징하는 간艮은 안에 있고, 순함을 의미하는 곤坤이 밖에 있어 괘상이 겸손을 나타낸다는 것이다. 이것은 괘상의 조화를 보고 말하는 것이다. 초효의 효사는 "겸손하고 겸손한 군자이니, 대천을 건너더라도 길하다."45)이다. 이에 대해 『정전』은 "초육은 유순함으로 겸에 처하고 또 한 괘의 아래에 있어서 스스로 처하기를 비하하게 함이 지극하니, 겸손하고 또 겸손하다. 그러므로 '겸겸'이라고 하였으니, 이와 같이 하는 자는 군자이다."46)라고 주석하고 있다. 초효는 겸손해야 되는 때인데 효가 음효로 유순하기까지 하다. 효의 자리가 때에 맞음(시중時中)이 있기 때문이다. 또 2효의 효사는 "겸손함을 울림이니 정하고 길하다."47)이다. 이를 『정전』은 "2는 유순함으로 中에 거하였으니, 이것은 겸덕이 가운데에 쌓인 것이다. …… 中에 거하고 正을 얻어 中正의 덕이 있기 때문에 정길이라 한 것이다."48)라고 해석한다. 2효 역시 유순하고 중에 처해 때에 맞는 것이다. 삼효 효사는 "공로가 있으면서도 겸손함이니, 군자가 끝마침

---

44) 『本義』謙, "謙者 有而不居之義 止乎內而順乎外 謙之義也 山至高而地至卑 乃屈而止於其下 謙之象也".
45) 『易經』謙 初爻辭, "初六 謙謙君子 用涉大川 吉".
46) 『程傳』謙, "初六 以柔順處謙 又居一卦之下 爲自處卑下之至 謙而又謙 故曰謙謙 能如是者 君子也".
47) 『易經』謙 六二爻辭, "鳴謙 貞 吉".
48) 『程傳』謙, "二以柔順居中 是爲謙德積於中 謙德充積於中 …… 居中得正 有中正之德也 故云貞吉".

을 두어야 하니 길하다."⁴⁹⁾이다. 『본의』는 이를 "괘가 오직 한 양효가 하괘의 자리에 거하여 강하면서 正을 얻었으니 상하가 돌아오는 바이며, 공로가 있으면서도 겸손하니 더욱 사람이 하기 어려운 바이다. 그러므로 끝마침이 있어 길한 것이다."⁵⁰⁾라고 주석하고 있다. 삼효는 양효로서 강의 자리를 얻어 바르다. 다시 말해 겸괘는 괘상의 조화와 효의 자리가 때에 맞음을 얻어 군자가 갖춰야할 지극히 높은 덕목을 상징하는 것으로 볼 수 있다.

2) 집안을 이끄는 도(가도家道)

가인家人(䷤)괘는 밖은 손巽(☴)괘이고 안은 이離(☲)괘로서 바람이 불로부터 나오는 형상이다. 즉 안으로부터 나옴은 집으로부터 밖에 미치는 상이다. 2효와 5효가 남녀의 위치를 안과 밖에 바르게 하여 집안 사람(가인家人)의 도가 되고, 밖에 손순함은 집안에 처하는 도라고 하겠다. 집안의 도는 부자의 친함과 부부의 올바름과 존비, 장유長幼의 차례로 윤리를 바르게 하고 은혜와 올바름을 돈독히 하는 것이다.⁵¹⁾ 가인괘에서 상효는 아버지, 초효는 자식, 5효와 3효는 남편, 4효와 2효는 부인이며, 다시 5효는 형이고 3효는 아우가 된다.⁵²⁾ 가인괘에 대하여 『본의』는 "가인이란 한 집안의 사람을 말하는 것으로 괘에서 구5와 육2가 안과 밖에서 각각 그 바름을 얻었기 때문에 가인이라

---

49) 『易經』謙, "九三 勞謙 君子有終 吉".
50) 『本義』謙, "卦唯一陽 居下之上 剛而得正 上下所歸 有功勞而能謙 尤人所難 故有終而吉".
51) 『易經』家人, "家人者 家內之道 父子之親 夫婦之義 尊卑長幼之序 正倫理 篤恩義 家人之道也 卦外巽內離 爲風自火出 火熾則風生 風生自火 自內而出也 自內而出 由家而及於外之象".
52) 『本義』家人, "上父 初子 五三夫 四二婦 五兄 三弟 以卦畫推之 又有此象".

한 것이다."53)라고 하고, 『정전』은 "양이 5에 거하여 밖에 있고, 음이 2에 거하여 안에 처한 것이니, 남녀가 각각 바른 위치를 얻은 것이다. 존비와 내외의 도는 바로 천지 음양의 대의에 합한다."54)라고 풀이한다. 이들 두 대목을 새겨보면 家人괘에서 남편이 되고 형이 되는 5효가 양효로서 양의 자리에 있고, 부인이 되는 2효는 음효로 음의 자리에 있어서 천지와 음양의 조화에 딱 맞는다는 것이다. 즉 천지와 음양의 도를 집 안에 대입할 경우 내외와 존비의 가도에 부합한다고 하겠다. 곧 천도의 음양 조화가 인도에서 드러나는 것이다. 초효사는 "집에서 예법으로 막음을 하면 뉘우침이 없어지리라."55)이다. 이에 대한 『정전』은 "초初는 가도의 시작이다. …… 집 안을 다스리는 초기에 법도로 예방하면 뉘우침에 이르지 않을 것이다. 집안을 다스리는 것은 여러 사람을 다스리는 것이니, 만일 법도로써 예방하지 않으면 인정이 방탕한 데로 흘러 반드시 뉘우침이 있음에 이르러 장유의 질서를 잃고 남녀의 분별을 어지럽혀 은의를 상하고 윤리를 해쳐 이르지 않는 바가 없을 것이요. 법도로써 초기에 예방하면 이런 일이 없을 것이다. 그러므로 뉘우침이 없어진다고 한 것이다."56)라고 주석한다. 이 말은 괘에서 초효를 가도의 시작으로 보는 것이다. 그리고 처음은 아직 사람의 의지가 변동하기 전이기 때문에 바른 뜻이 흩어지고 변

---

53) 『本義』家人, "家人者 一家之人 卦之九五六二. 內外各得其正 故爲家人".
54) 『程傳』家人, "陽居五在外也 陰居二處內也 男女各得其正位也 尊卑內外之道 正合天地陰陽之大義也".
55) 『易經』家人 初爻辭, "初九 閑有家 悔亡".
56) 『程傳』家人, "初家道之始也 閑謂防閑法度也 治其有家之始 能以法度爲之防閑 則不至於悔矣 治家者 治乎衆人也 苟不閑之以法度 則人情流防放必至於有悔 失長幼之序 亂男女之別 傷恩義 害倫理 无所不至 能以法度閑之於始 則无是矣 故悔亡也".

동하지 않았을 때에 미리 막고 대비하여야 한다는 것을 말하는 것이다. 또 2효에 대해 「상전」은 "육2의 길함은 순하여 겸손하기 때문이다."57)라고 했다. 『정전』은 이를 "2효가 음유로서 중정에 거하여 능히 순종하여 비손한 자이다. 부인의 정길이 되는 것이다."58)라고 주석하고 있다. 가인괘의 2효는 부인이 된다고 했다. 그런데 2효는 음유로서 음의 자리에 처했으니 바르고 중을 얻었으므로 부인의 도로서는 최적이다. 가장家長을 나타내는 5효는 어떤가? 5효의 효사는 "왕이 가도를 세움에 지금 함이니 근심하지 않아서 길하리라."59)라고 했다. 이에 대해 『정전』은 "구5가 남자로 밖에 있고, 강함으로 양의 자리에 거처하며, 높은 데 거처하면서 중정하고 또 그 응하는 것이 안에서 순하고 바르게 하니 집안을 다스리는 데 지극히 바르고 지극히 착한 사람이다. 왕이 가도를 세움에 지극하다고 함은 5효는 임금의 자리이기 때문에 왕으로써 말한 것이다. 격(假)은 지극한 것이니, 가도를 세우는 도리를 지극히 하는 것이다. 대개 왕의 도는 몸을 닦아서 집안을 다스리고, 집안이 바로 됨에 천하가 다스려지는 것이니, 예로부터 성왕이 자기 자신을 공손히 하고 집안을 바르게 하는 것으로써 근본을 삼지 않음이 없었다. 그러므로 가도를 세움에 이미 지극하면 근심하고 수고하지 않아도 천하가 다스려지니, 근심하지 않아서 길한 것이다. 구5가 밖에서 자기 몸을 공손히 하고, 육2가 안에서 집안을 바로해서 안과 밖이 덕을 같이 하니 지극하다고 할 수 있다."60)라고 풀이한다.

---

57) 「家人:象傳」, "六二之吉 順以巽也".
58) 『程傳』家人, "二以陰柔居中正 能順從而卑巽者也 故爲婦人之貞吉也".
59) 『易經』家人 九五 爻辭, "王假有家 勿恤 吉".
60) 『程傳』家人, "九五 男而在外 剛而處陽 居尊而中正 又其應順正於內 治家之至正至善者也

즉 괘에서 5효는 양효이면서 강한 자리이며 군주의 자리다. 그러므로 인사에 본받을 경우는 가장이 되는 것이다. 그런데 가인괘에서 5효는 양효로서 양의 자리에 처하여 중정을 얻었다. 거기다가 아래로 중정한 2효의 아내와 호응하고 있으니 지극한 덕을 지닌 가장이 된다는 것이다.

3) 임금과 신하의 관계(군신君臣의 도道)

다음은 임금과 신하의 관계를 말하는 군신의 도를 보자. 위에는 감坎(☵)괘이고 아래는 곤坤(☷)괘로 된 비比(䷇)괘는 두 체體로 말하면 물이 땅 위에 있어 간격이 없는 것을 말한다. 이를 물건에 비유하면 물건 사이가 지극히 가까워 간격이 없음과 같다고 할 수 있다. 또 괘의 효로 보면 5효만 양효로서 강한 임금의 자리(군위君位)에 있고 나머지 다섯 효는 모두 음으로 군위君位를 친애하여 따르고, 군위는 여러 음효를 친애하는 것이 된다.[61] 곧 비괘는 군주가 아래를 사랑하고 아래는 군주를 따르는 도를 말한다고 볼 수 있다. 『본의』에서 "비는 서로 친하고 보필(친보親補)하는 것이다. 구5가 양효로 강하므로 상괘의 가운데에 거하여 正을 얻었고 상하의 다섯 음이 친히 하여 따르니, 한 사람이 만방萬邦을 어루만지고 사해四海가 한 사람을 우러러보는 상이다."[62]라고 한 것과 『정전』에서 "군주는 아랫사람을

王假有家 五君位 故以王言 假至也 極乎有家之道也 夫王者之道 修身以齊家 家正而天下治矣 自古聖王 未有不以恭己正家爲本 故有家之道旣至 則不憂勞而天下治矣 勿恤而吉也 五恭己於外 二正家於內 內外同德 可謂至矣".
61) 『本義』比, "比爲卦 上坎下坤 以二體言之 水在地上 物之相切比无間 莫如水之在地上 故爲比也".

품어주고 어루만지며, 아랫사람은 윗사람을 친보하여야 한다."63)라고 말한 것이 이를 증명하는 것이다. 그런데 비괘는 "길하지만 두 번 점을 쳐서 (임금 노릇을 할 수 있는 덕이) 크고 오래하고 정도가 있어야 된다."64)라고 괘사에서 말한다. 이는 군주가 어떠해야 길함을 얻을 수 있는 지를 말하는 것이다.

앞서 살핀 바와 같이 태泰괘는 위에 땅과 아래에 하늘이 상호 교감하여 만물을 낳는 길괘이다. 즉 천지가 사귀어 음양이 화합하면 만물이 무성하게 이루어지기 때문에 임금이 천지에 크게 통하는 형상을 본받아서 천지의 도를 마름질(재성財成)해서 이루며, 천지의 마땅함을 도와(상보相補)서 백성을 다스리는 것이다.65) 임금은 천지 음양이 조화와 균형을 통해 감응하여 크게 통하는 도를 본받아 백성을 다스린다는 것이다. 여기서 또 놓칠 수 없는 것은 '재성'하고 '보상'한다는 말이다. 재성은 지나침을 제재하는 것이고, 보상은 모자람을 보충하는 것이다.66) 이 말은 지나침은 덜고 모자람은 보탠다는 것으로 곧 인사에서도 천도를 본받아 균형과 조화를 필요로 함을 역설한다고 하겠다.

『정전』은 태(䷊)괘 2효의 효사를 "구이가 양강하고 중을 얻음으로써 위로 육오와 응하고, 육오는 유순하고 중을 얻음으로써 아래로

---

62) 『本義』比, "比 親補也 九五以陽剛 居上之中而得其正 上下五陰 比而從之 以一人而撫萬邦 以四海而仰一人之象".
63) 『程傳』比, "君懷撫其下 下親補於上".
64) 『易經』比 卦辭, "比 吉 原筮 元永貞 无咎".
65) 『程傳』, "天地交而陰陽 和則萬物茂遂 所以泰也 人君 當體天地通泰之象而以財成天地之道 輔相天地之宜 以左右生民也".
66) 『本義』, "財成以制其過 輔相 以補其不及".

구이와 응해서 임금과 신하가 덕이 같으니, 이것은 강중한 재질로 윗사람의 전적인 신임을 얻은 것이다. 그러므로 구이가 비록 신하자리에 있으나 태를 다스리는 주인이니, 이른바 「단전」에서 말한 상하가 사귀어 그 뜻을 같이한 것이기 때문에 태를 다스리는 도를 구이를 주로 해서 말했다."67)라고 주석한다. 또 5효의 효사는 "육오는 제을68)이 누이를 시집보냄이니, 복이 있으며 크게 착하고 길할 것이다."69)라고 했다. 이에 대해『정전』은 "효의 뜻으로 보면 제을은 왕의 딸이 시집가는 예법을 만든 임금이다. 예로부터 제왕의 딸이 비록 다 아랫사람에게 시집은 갔으되, 제을에 이른 다음에야 예법을 만들어서 공주의 높고 귀한 것을 낮춤으로서 지아비에게 순종하게 했다. 육오가 능히 그 어진 신하에게 의지하고 맡겨 순종하기를 제을이 누이를 시집보내는 것 같이 해서 높은 것을 낮추어 양에게 순종하면 복을 받고 또한 원길하다. 원길은 크게 길하고 착하지 않음이 없음이니, 태평한 때를 다스리는 공을 이룬다는 말이다."70)라고 풀이한다. 이는 태괘의 5효가 존위로 유순하고 중하면서 자기를 비워 아래의 양2효와 응하여 태평한 때를 다스리는 덕이 있음을 말하

---

67)『程傳』, "以陽剛得中 上應於五 五以柔順得中 下應於二 君臣同德 是以剛中之才 爲上所專任 故二雖居臣位 主治泰者也 所謂上下交而其志同也 故治泰之道主二而言".
68)『정전』에는 "『사기』에 탕임금이 천을이고 그 뒤에 조을이라는 임금이 있었으니 또한 어진 왕이며, 뒤에 또 제을이라는 인군이 있어다고 한다"라고 주석한다.(史謂湯爲天乙 厥後 有帝祖乙 亦賢王也 後又有帝乙).
69)『程傳』泰 "六五 帝乙歸妹 以祉 元吉".
70)『程傳』泰 "以爻義觀之 帝乙制王姬下嫁之禮法者也 自古帝女雖皆下嫁 至帝乙然後 制爲禮法 使降其尊貴 以順從其夫也 六五以陰柔 居君位 下應於九二剛明之賢 五能倚任其賢臣而順從之 如帝乙之歸妹然 降其尊而順從於陽則以之愛祉 且元吉也 元吉 大吉而盡善者也 謂成治泰之功也".

는 것이다.

환渙(䷺)괘는 위에 바람을 상징하는 손巽(☴)괘가 있고, 아래는 물을 의미하는 감坎(☵)괘로 이루어졌다. 이는 바람이 물 위에 불어서 어지럽고 흩어지는 형상이다.[71] 이처럼 위에 바람이 불어 물이 흩어지는 자연의 이치를 빌어 인사에서는 사람의 마음이 떠나가는 것으로 보고, 민심이 떠날 때에 이를 다시 수습할 수 있는 길은 왕이 중을 얻어야 한다[72]는 것이다. 민심을 모으는 방법은 양강한 군주가 유순한 신하와 손을 잡고 힘을 합쳐야 한다. 환괘에서 신하를 의미하는 4효에 대한 「정전」의 주석은 "4효는 손순으로 바르면서 대신의 지위에 있고 5효는 강중으로 바르면서 군주의 지위에 있어서 군신이 힘을 합치고 강유가 서로 구제하여 천하의 흩어짐(환산渙散)을 구원하는 자이다."[73]라고 한다. 또 임금 자리인 5효에서는 "5와 4는 군신이 덕을 합하여 강하고 중정中正하며 순한(손순巽順) 도로 흩어짐을 다스리니 그 도를 얻은 것이다. 오직 사람의 마음에 두루 스며들게 하면 순종할 것이니, 호령함이 민심에 젖듯이 스며들어감을 사람의 몸에 땀이 사지에 두루 젖는 것 같이 하면 믿어 복종할 것이다. 이렇게 하면 천하의 흩어짐을 구제할 수 있으니, 왕위에 거처함이 적합해서 허물이 없을 것이다."[74]라고 주석한다. 4효와 5효에 대한 이 같은 해석은

---

71) 『易經』 渙, "渙散也 爲卦下坎上巽 風行水上 離披解散之象 故爲渙".
72) 『易經』 渙 「彖傳」, "王假有廟 王乃在中也".
73) 『程傳』 渙, "四巽順而正 居大臣之位 五剛中而正 居君位 君臣合力 剛柔相濟 以拯天下之渙者也".
74) 『程傳』 渙, "五與四 君臣合德 以剛中正巽順之道治渙 得其道矣 唯在浹洽於人心則順從也 当使號令 洽於民心 如人身之汗浹於四體 則信服而從矣 如是則可以濟天下之渙 居王位爲 稱而无咎".

민심이 흩어지는 때를 당해 이를 수습하는 방법은 군신이 덕을 합하여야 가능하다는 것이다. 그런데 군신이 이렇게 할 수 있는 것은 임금은 강하고 중정한 덕이 있어야 하며, 신하는 이를 보필할 수 있는 유순하고 바름을 가져야 가능하다는 것이다. 즉 때와 상황에 맞는 음양조화를 이루어야 공을 이룰 수 있다는 것을 말하는 것이다.

이상을 정리하면 『주역』은 천도의 이치를 드러내고 이를 바탕으로 인사를 밝힌 책이다. 그런데 만물을 낳아 기르는 천도는 조화와 균형을 이룬 음양의 상호 교감을 통해 이루어진다는 것이다. 그리고 대대와 소장의 성질을 갖는 음양은 대대를 통한 조화와 균형으로 서로 감응하여 변화를 일으킨다. 대대하는 음양은 같은 성질끼리는 꺼리고 다른 성질끼리는 호응하는 상반상성의 원리를 통해 교감을 이룬다. 또 변화를 가져오는 음양은 극에 달하면 다시 돌아오는 물극필반의 원리에 의해 왕래순환한다. 이 음양의 왕래순환은 시작과 마침이 끝없이 이어지며 그때그때에 맞는 상황, 곧 시중時中이 있게 마련이다. 곧 천지자연은 음양의 공간적 대대에서나 시간적 변화의 상황에서나 조화와 균형을 이루어야만 만물을 낳아 기르는 도를 다할 수 있는 것이다. 이런 천도의 음양조화는 천도를 통해 인사를 밝힌 인도에서도 강조되는 것은 당연하다 할 것이다.

6. 전통 주역점의 철학

『주역』은 본래 하늘과 사람이 하나라는 천인합일사상을 바탕에 깔고 있다. 따라서 해와 달 등 하늘의 운행규칙을 통해 사람의 일을 미리 알 수 있다고 믿었다. 점서에서는 이런 철학을 파악할 수 있다.

1) 하늘과 사람은 하나로 통한다

옛 사람들은 스스로 해결하기 어려운 일이 생기면 하늘에 그 해답을 물었다. 그들이 하늘에 해결책을 물어 해답을 얻는 방식의 하나가 『주역』의 점서다. 즉 주역점이다. 주역점이 가능한 바탕에는 두 가지 사상이 자리하고 있다.

하나는 사람이 스스로 해결하지 못하는 어려운 문제에 대해 해답을 알려주는 하늘과 사람은 서로 통한다는 생각이다. 즉 하늘은 절대의 힘을 가졌기도 하지만 인간의 마음을 읽을 수 있는 인격을 가진 사람이다. 그래서 하늘과 사람이 이렇게 하나로 일치하는 관계를 '천인합일天人合一'이라고 한다. 그리고 이런 사고방식을 '천인합일론' 내지는 '천인합일사상'이라고 한다.

다른 하나는 하늘과 사람이 서로 하나가 되어 통할 수 있는 근거는 하늘과 사람이 같은 기운氣運을 갖고 있다는 것이다. 이것을 한자어로는 '같은 기운은 서로 감응한다'는 뜻의 '동기감응同氣感應'내지는 '동기상응同氣相應'이라고 한다. 이런 이론을 '동기감응론' 또는 '동기상응론'이라고 한다.

그런데 하늘과 사람이 같은 기운을 가지고 있어 서로 통하더라도 절대의 힘을 가진 하늘에 대해 어려운 문제의 해답을 구할 때는 사람의 성의를 다하는 모습을 갖춰야 한다. 점서 할 때 이렇게 성의를 다하는 절차와 내용을 기록한 것이 「서의筮儀」라고 할 수 있다.

2) 하늘과 사람의 소통수단은 괘다

『주역』의 점에서 하늘과 사람이 소통하는 수단은 괘가 된다. 즉 사람이 어떤 문제에 대한 해답을 물을 경우 하늘은 괘를 통해서 알려주는 것이다. 이것이 『주역』의 점이 다른 종류의 점을 치는 행위와 다른 특징이다. 예들 들어 보통 무당이 신에게 어떤 문제에 대해 해답을 묻는다면 그 해답은 영감 또는 계시로 전해준다. 이 경우에는 소통수단은 객관적이고 실체적으로 드러나지 않는다. 말 그대로 고도의 영감 내지는 계시로 보통사람은 파악하기가 어려운 내용이다. 그러나 『주역』의 점에서는 산대를 계산하여 얻은 '점괘'라는 객관적이고 실체적인 소통수단이 있다.

3) 우주의 생성과정을 설명한다

괘를 뽑을 때 산대 50개 중에서 1개를 뽑아서 제외하고 나머지 49개를 사용한다. 그리고 49개의 산대를 임의로 둘로 나누고, 그 가운데 왼쪽 손에 잡은 것에서 1개를 뽑아 왼손 새끼손가락과 4번째 손가락 사이에 끼운다.

이때 50개에서 제외한 1개는 태극을 상징한다. 그리고 나머지 49개를 임으로 둘로 나눈 것은 태극에서 하늘과 땅, 혹은 해와 달, 또는 음과 양으로 나뉜 것을 말한다. 다시 왼손에 잡은 산대 중에서 1개를 뽑아 왼손 새끼손가락과 4번째 손가락 사이에 끼우는 것은 하늘·땅·사람의 삼재三才를 나타낸다. 그리고 4개씩 덜어내는 것은 4계절 즉 사상四象을 상징한다. 이렇게 하여 얻은 괘는 팔괘를 낳고, 다시 팔괘를 겹쳐서 64괘로 발전하고, 만물수 1만 1천520에 이르게 된다.
　이것은 곧 태극이 양의를 낳고, 양의가 사상을 낳으며, 사상이 팔괘를 낳고, 팔괘는 만물을 포함한다는 우주의 발전과정을 설명하는 것이다. 즉 우주발전론이라는 철학적 사상을 설명하는 것이다.

4) 점의 결과에 대해 사람의 주체적 대응을 중시한다

　『주역』의 서점에 길흉을 판단하는 괘사와 효사는 점의 결과에 대해 사람의 대응방법에 따라 길하게도 되고, 흉할 수도 있으며, 뉘우침이나 허물이 있을 수도 있고, 고쳐질 수도 있음을 보여준다. 다시 말해 점괘에 대한 사람의 대응방법에 따라 결과가 달라지기 때문에 사람의 대응이 중요함을 강조하는 것이다. 곧 괘사와 효사는 인간의 자유의지에 의한 주체적 판단과 대응을 중요시하고 있는 것이다.
　점괘를 얻어서 길흉을 판단하는 기준인 『역경』의 괘사와 효사는 길吉·흉凶·회悔·인吝·무구无咎라는 말로 요약할 수 있다. 여기서 '길'한 것은 얻음이 있는 것이고, '흉'한 것은 잃는 것을 말한다. '회'와 '인'은 약간의 흠이 있는 것을 말하고, '무구'는 과실을 잘 보충한 것을 말한다.[75]
　『역경』의 괘사와 효사가 이렇게 점괘를 판단하는 기준을 길한 것과 흉한 것만 말하지 않고 회悔·인吝·무구无咎를 더한 것은 점의 결과가 흉하더라도 반성하고 바로잡으면 흉함을 피할 수 있다는 것을 보여주는 것이다. 즉 점의 결과가 길하더라도 무조건 좋기만 한 것이 아니고, 흉하더라도 문제되는 부분에 대해 뉘우치고 고치면 다시

---

75)「繫辭傳」상3장, "吉凶者 言乎其失得也 悔吝者 言乎其小疵也 无咎者 善補過也".

길하게 되거나 흉함을 피할 수 있음을 말한다.

예를 들어 건乾괘 괘사는 "크게 형통하고 정함이 이롭다."[76]이다. 얼핏 보기에는 점을 하여 이 괘를 얻고, 점괘의 풀이가 이 괘사에 해당된다면 매우 길한 것으로 단정할 수 있다. 그러나 여기에는 "정하여야만 이롭다"라는 조건이 있다. 정貞은 바르고 굳음을 말한다. 그러므로 점괘의 해석은 마땅히 '크게 형통하다'고 할 수 있지만 이렇게 점괘가 대통하려면 점친 사람의 마음과 자세가 바르고 굳어야만 하는 것이다.

또 태泰괘의 괘사는 "작은 것이 가고 큰 것이 오니 길하여 형통하다."[77]라고 한다. 점치는 사람이 태괘를 얻어 괘사에 해당하는 점괘를 얻었다고 해서 역시 모두 다 좋은 것은 아니다. 태泰괘는 양陽이 안에 있고 음陰이 밖에 있으며, 굳셈이 안에 있고 순함이 밖에 있으며, 군자가 안에 있고 소인이 밖에 있는 것으로서 군자의 도가 자라고 소인의 도가 사라지는 것을 의미한다.[78] 그러므로 태泰괘의 괘사에 해당하는 점괘를 얻어 길한 사람은 군자君子이어야 한다.

사람은 흠이 있으면 뉘우침이 있게 마련이다. 건乾괘 상구 효사는 "끝까지 올라간 용이니, 뉘우침이 있다."[79]라고 한다. 건乾괘의 여섯 효는 강한 성질의 양陽 효爻이고, 그 중 다섯 번째 효는 바르고 중도를 얻은 자리여서 때를 얻음이 지극한데, 이것을 지나면 지나치게

---

76) 『易經』 乾 卦辭, "乾 元亨 利貞"-朱子 『本義』의 해석을 따른 것이다. 乾괘 괘사를 "원하고, 형하고, 이하고, 정하다-元 亨 利 貞"으로 해석하기도 한다.
77) 『易經』 泰 卦辭, "泰 小往 大來 吉 亨".
78) 「彖傳」 "內陽而外陰 內健而外順 內君子以外小人 君子道長 小人道消也".
79) "亢龍 有悔".

높음이 된다. 그러므로 맨 위의 효는 지나치게 높은 자리에 이르렀으므로 뉘우침이 있는 것이다. 지나침이 있으면 뉘우침이 있음을 말하는 것이다. 따라서 나가고 물러날 때를 아는 사람만이 뉘우침에 이르지 않을 수 있는 것이다.

흠을 보충하면 뉘우침에 이르지 않는다. 복復괘 다섯 번째 효사는 "돌아옴에 도타움이 있어 뉘우침이 없다."80)라고 한다. 이것은 복괘의 다섯 번째 효의 자리가 치우침이 없고 유순한 덕德으로 군왕의 자리에 있어서 잘못이 있더라도 곧 선善에 돌아오기를 잘하는 사람을 가리킨다. 그러므로 뉘우침이 없는 것이다.81)

朱子에 의하면 길과 흉은 서로 상대가 되고, 회와 인은 그 중간에 위치한다. 그리고 회는 흉함으로부터 길함으로 나가는 것이고, 인은 길함으로부터 흉함으로 향하는 것이다.82) 그러므로 회와 인을 걱정하여 잘못을 뉘우치고 고치게 되면 허물이 없어질 수 있는 것이다. 곧 회와 인을 걱정하는 것은 선·악이 이미 동하였으나 아직 나타나지 않은 때이어서 이때 근심하면 회와 인에 이르지 않는다. 또 뉘우칠 줄 알면 허물을 보충하려는 마음을 움직여서 허물을 없게 할 수 있는 것이다.83)

이는 사실판단의 조건에서 "인간의 대응이 이러하면 결과가 이렇다"라는 것을 말하는 것이다. 즉 인간의 대응방법에 따라 결과가 달

---

80) 『易經』復 六五爻辭, "敦復 无悔".
81) 「程傳」復, "六五以中順之德 處君位 能敦篤於復善者也 故无悔".
82) 「繫辭傳」상2장, "吉凶者 得失之象也 悔吝者 憂慮之象也"의 『本義』주석, "蓋吉凶相對 而悔吝居其中間 悔 自凶而趨吉 吝 自吉而向凶也".
83) 『周易傳義』「繫辭傳」상3장, 『本義』, "蓋善惡而動已未形之時也 於此憂之 則不至於悔吝矣 震動也 知悔則有以動其補過之心 而可以无咎矣".

라지기 때문에 사람의 대응이 중요하다는 것을 가리키고 있다. 전통 주역점에서 점괘의 괘상과 괘효사는 그 사태 자체가 초래하는 길흉의 단순한 결과만을 보여주는 것이 아니라 인간의 대응 여부에 따라 달라질 수 있음을 말하여, 인간의 자유의지에 의한 주체적 판단과 대응을 중요시하고 있다.

경방역점의 이해

1. 길흉 판단을 위한 준비

1) 팔궁괘八宮卦

주역에서 팔괘와 64괘는 우주만물이 생성 변화하는 이치를 담은 상징부호라고 할 수 있다. 그런데 우주만물은 음과 양이라는 2기氣가 쉬지 않고 상호 작용하므로써 생성 변화과정을 이어간다. 이것은 팔괘와 64괘는 음괘와 양괘로 나눌 수 있다는 말이 된다. 이에 따라 중국 한나라 때 경방京房[84]은 64괘를 전통주역의 배열방법과는 달리 배열한다. 즉 기본 팔괘를 음괘와 양괘로 구분한 뒤 64괘를 음괘와 양괘로 나누어진 각각의 팔괘에 배치하는 것이다.

경방은 팔궁괘를 음양으로 구분한 뒤 다시 오행으로 나눈다. 즉 건乾괘와 태兌괘는 금金, 곤坤괘와 간艮괘는 토土, 진震괘와 손巽괘는 목木, 감坎괘는 수水, 이離괘는 화火로 구분한다.

이때 팔괘의 각 괘는 중심이 되는 괘라는 의미로 '궁宮'괘라고 한

---

[84] 경방京房은 기원전 77년에서 기원전 37년까지 생존한 서한西漢의 금문역학자今文易學者로『주역周易』을 길흉을 점치는 전적으로 보고 많은 점산체례占算體例를 만들고 점후술占侯術을 말함으로써 이름을 떨쳤다.

다. 그리고 각 궁괘 밑으로 7괘씩을 배치한다. 이렇게 하면 한 궁당 8개 괘가 해당돼 모두 64괘를 구분하여 배열할 수 있다. 이것을 '팔궁괘八宮卦'라고 한다.

팔괘 중에서 양괘는 건乾·진震·감坎·간艮괘, 음괘는 곤坤·손巽·이離·태兌괘가 해당된다. 그리고 각 궁괘에 소속되는 괘는 다음과 같다.

건궁乾宮에는 궁괘로서 건乾을 머리로 하고 구姤·돈遯·비否·관觀·박剝·진晉·대유大有괘, 태兌궁에는 태兌·곤困·췌萃·함咸·건蹇·겸謙·소과小過·귀매歸妹괘, 이離궁에는 이離·여旅·정鼎·미제未濟·몽蒙·환渙·송訟·동인同人괘, 진震궁에는 진震·예豫·해解·항恒·승升·정井·대과大過·수隨괘, 손巽궁에는 손巽·소축小畜·가인家人·익益·무망无妄·서합噬嗑·이頤·고蠱괘, 감坎궁에는 감坎·절節·둔屯·기제旣濟·혁革·풍豊·명이明夷·사師괘, 간艮궁에는 간艮·비賁·대축大畜·손損·규睽·이履·중부中孚·점漸괘, 곤坤궁에는 곤坤·복復·임臨·태泰·대장大壯·쾌夬·수需·비比괘가 배치된다.

팔궁괘차를 표로 나타내면 다음과 같다.

〈표 26〉 팔궁괘표

	八宮卦							
上世 (八純)	乾	震	坎	艮	坤	巽	離	兌
一世	姤	豫	節	賁	復	小畜	旅	困
二世	遯	解	屯	大畜	臨	家人	鼎	萃
三世	否	恒	既濟	損	泰	益	未濟	咸
四世	觀	升	革	睽	大壯	无妄	蒙	蹇
五世	剝	井	豊	履	夬	噬嗑	渙	謙
游魂	晉	大過	明夷	中孚	需	頤	訟	小過
歸魂	大有	隨	師	漸	比	蠱	同人	歸妹

그리고 팔궁괘의 차례를 나타내는 표에서 '1세', '2세', '3세' 등으로 표시한 '세世'는 각 궁괘의 여섯 효가 아래로부터 변하는 순서를 표시한 것이다. 즉 건궁괘 1세괘는 양효인 초효가 음효로 바뀐 것이고, 2세괘는 초효에 이어 2효까지 바뀐 것이며, 3세괘는 초효와 2효에 이어 3효까지 변화한 것이다. 이렇게 아래부터 위로 차례로 효가 변화해 나가다가 상효 바로 밑인 5효까지 바뀐 다음에는 상효는 변하지 않고 다시 돌아서 이미 변화한 4효가 원래대로 복귀한 것을 '유혼游魂'괘라고 한다. 또 유혼괘 다음에 아래 3개 효가 모두 처음으로 복귀하는 것을 '귀혼歸魂'괘라고 한다.

2) 괘와 효에 간지오행을 배합한다

앞서 원론편에서 음양은 4상으로 분화되기도 하지만 오행으로 설명된다고 소개했다. 우주변화법칙은 음양, 사상, 팔괘로 발전하지만 이것은 겉으로 나타나는 것(체體)이고, 실제의 작용에서는 오행의 작용을 일으킨다(용用). 즉 우주만물이 실제로 생성변화하는 과정은 음양오행의 운동으로 나타난다.

이런 이유로 경방은 우주변화법칙을 실체적으로 파악하기 위해 괘와 효에 천간과 지지를 각각 배합한다. 왜냐하면 천간과 지지는 음양과 오행은 물론 시간의 변화를 포함한 부호이기 때문이다. 그래서 괘에 천간을 붙이고(납갑納甲), 효에 지지를 붙인 것이다(납지納支).

① 괘卦에 천간天干을 붙인다(납갑納甲)

납갑은 건乾에는 천간의 갑甲과 임壬, 곤坤에는 을乙과 계癸, 간艮에

병丙, 태兌에 정丁, 감坎에 무戊, 이離에 기己, 진震에 경庚, 손巽에 신辛을 각각 배합한다.

② 효爻에 지지地支를 붙인다(납지納支)
납지는 12지지를 양지陽支와 음지陰支로 나누고 자인진오신술子寅辰午申戌의 양지는 양괘의 효에 배합하고, 축묘사미유해丑卯巳未酉亥의 음지는 음괘의 효에 짝짓는 것을 말한다.

〈표 27〉 팔괘납갑도

팔괘 간지 효위	乾·金	坤·土	震·木	巽·木	坎·水	離·火	艮·土	兌·金
上爻	壬戌	癸酉	庚戌	辛卯	戊子	己巳	丙寅	丁未
五爻	壬申	癸亥	庚申	辛巳	戊戌	己未	丙子	丁酉
四爻	壬午	癸丑	庚午	辛未	戊申	己酉	丙戌	丁亥
三爻	甲辰	乙卯	庚辰	辛酉	戊午	己亥	丙申	丁丑
二爻	甲寅	乙巳	庚寅	辛亥	戊辰	己丑	丙午	丁卯
初爻	甲子	乙未	庚子	辛丑	戊寅	己卯	丙辰	丁巳

3) 세효世爻와 응효應爻(나와 상대)

위의 팔궁괘표에서 보면 건궁괘의 경우 궁괘인 건괘는 6개 효 모두 양효이다. 그리고 아래부터 첫 효가 변하면 구姤괘, 2효가 변하면 돈遯괘, 3효가 변하면 비否괘, 4효가 변하면 관觀괘, 5효가 변하면 박剝괘가 되고, 6효까지 변하면 곤坤괘가 되지만 6효가 모두 변하지 않고 역으로 돌아서 음효로 변했던 4효가 다시 양효로 변하여 진晉괘, 다시 밑으로 나머지 세효가 모두 양효로 변하면 대유大有괘가 된다.

이때 궁괘인 건괘는 상세, 구괘는 1세, 돈괘는 2세, 비괘는 3세, 관괘는 4세, 박괘는 5세, 진괘는 유혼, 대유괘는 귀혼 괘로 부른다.

이렇게 한 괘에서 효가 변화하는 순서에 따라 세를 차례대로 붙이는 것은 해당 괘에서 주체가 되는 효(주사효主事爻)를 구분하기 위한 것이다. 즉 궁괘인 건괘는 아직 효의 변화가 없으므로 상효가 괘의 주체인 주효가 되고, 첫효가 변한 1세괘는 초효, 2세괘는 2효, 3세괘는 3효, 4세괘는 4효, 5세괘는 5효, 유혼괘는 역으로 돌아서서 다시 5효, 귀혼괘는 4효가 주요가 되는 것이다. 나머지 7궁괘도 이와 같은 규칙을 따른다.

이처럼 한 괘에서 세효가 있으면 이에 응하는 응효가 있다. 세世·응應은 바로 세효世爻와 응효應爻의 관계를 말한다. 즉 한 괘의 주체와 객체의 관계를 나타내는 것이다. 말하자면 나와 상대의 관계를 말하는 것이다.

세효와 응효는 초효와 4효, 2효와 5효, 3효와 상효가 상응한다. 8궁에서 궁괘의 세효는 상효이므로 응효는 3효가 되고, 1세괘는 초효가 세효가 되므로 4효가 응효가 되며 나머지 3개 괘도 이와 같이 이루어진다.

이 세응설은 점을 치는데 쓰인다. 경방은 "길흉을 정하는 데는 단지 한 효만을 취한다."[85]라고 밝히고 있다. 즉 한 괘의 길흉은 그 괘의 한 효에서 정해진다고 보는 것이다.

경방의 세응설은 「단전」과 「상전」의 응위설應位說을 발전시킨 것이다. 「단전」과 「상전」은 괘효사의 길흉을 해석함에 있어 효위설爻位

---

85) 『京氏易傳』 상권, "定吉凶只取一爻之象".

說을 바탕으로 한다. 예를 들어 무망无妄(䷘)괘 괘사에 대해「단전」은 "동하고 굳세며 강이 중에 있고 응하여 크게 형통하여 바르니, 하늘의 명이다."86)라고 설명한다. 여기서 '강한 효가 중에 위치하고 응함(강중이응剛中而應)'은 5효가 강으로 중정中正에 자리하고, 2효가 다시 중정으로 응하는 것을 말하는 것이다.

또 돈遯(䷠)괘「단전」은 "강剛이 존위尊位를 담당하여 응하므로 때에 따라 행한다."87)라고 말한다. 이는 구5효가 강하고 또 양효의 덕을 가지고 중정의 자리에 처하면서 아래로 육2의 중정함과 서로 응하는 것을 설명하는 것이다.

그런데 경방은 한 효에서 주主가 되는 세효世爻를 정하고 이에 대응하는 효를 응효應爻라고 하여 괘의 주체와 객체를 나타낸다. 다시 말해 경방의 세응은『역전』에 주로 2효와 5효를 중심으로 하여 전개된 응위설을 근거로 하여 전개된 것임을 알 수 있다.

한 괘의 여섯 효는 각기 자기 자리가 있는데 2·4·상은 짝수에 속하기에 음위이고 초·3·5는 홀수에 속하기에 양위로 간주하며, 양효가 양위에 오거나 음효가 음위에 오면 당위 또는 득위라고 하고, 그 반대는 부당위 또는 실위라고 해석한다. 이것이 당위설當位說인데 일반적으로 당위하면 길하고 부당위하면 흉하다고 간주하면서 괘효사의 길흉을 해석한다.

그러나 당위설만으로는 괘효사의 길흉을 충분히 해석할 수 없기 때문에 이의 보완책으로 등장하는 것이 응위설이다. 응위는 초와 4,

---

86)「无妄:彖傳」, "動而健 剛中而應 大亨以正 天之命也".
87)「遯:彖傳」, "剛当位而應 與時行也".

2와 5, 3과 상의 효위가 상응되는 관계에 있다는 것이다. 그런데 서로 대응 관계에 있는 효가 항상 응하는 것은 아니고 서로 응함이 있는 경우와 응함이 이루어지지 않는 무응이 있다. 대개 양효와 음효는 상응하기에 유응이지만 양효가 양효를 만나거나 음효가 음효를 만나면 무응이 된다. 일반적으로 유응이면 길하고 무응이면 흉하다.

대유大有(䷍)괘는 이離(☲)괘가 위에 있고 건乾(☰)괘가 아래에 있어 당위설로 보면 음효인 육5효가 양위에 자리하기에 부당위로 길하지 못한 것이어야 하는데 육5의 효사는 "그 믿음이 서로 사귀니 위엄이 있으면 길하리라."88)라고 하여 길로 보았다. 「단전」은 "대유大有는 유柔가 존위尊位를 얻고 크게 中하여 상하가 응하므로 대유라 하였다."89)라고 괘사의 원형元亨을 해석한다. 육5와 구2가 상응하고 게다가 중의 자리에서 일어나기에 비록 부당위나 역시 길하다는 것이다.

미제未濟卦(䷿)괘는 2효가 양효로 음의 자리에 있고 5효가 음효로 양의 자리에 있어 모두 부당위인데 괘사에서 형통이라 한 것도 자리가 제 자리를 얻지 못했지만 음효와 양효가 서로 응함이 있기 때문이다. 그래서 「단전」에서는 "비록 자리가 마땅하지 않으나 강함과 유함(강유剛柔)이 서로 응한다."90)라고 해석한다. "강함과 유함이 서로 응함(강유응剛柔應)"이란 초와 4, 2와 5, 3과 상이 모두 상응의 관계에 있음을 가리킨다.

따라서 당위설만으로 괘효사를 완전히 설명하지 못할 때 보완책

---

88) 『易經』 大有 六五 爻辭, "厥孚交如 威如 吉".
89) 「大有:彖傳」, "大有 有得尊位大中 而上下應之".
90) 「未濟:彖傳」, "雖不當位 剛柔應也".

으로 등장한 것이 바로 이 응위설임을 알 수 있다. 그래서 경방의 세응설은 바로 응위설에서 발전된 것으로 볼 수 있다.

4) 드러나고 숨은 화복禍福 : 비飛·복伏

앞서 소개한 바와 같이 각 궁괘는 정해진 오행이 있다. 건乾괘와 태兌괘는 금金, 이離괘는 화火, 진震괘와 손巽괘는 목木, 감坎괘는 수水, 간艮괘와 곤坤괘는 토土에 해당한다. 그리고 각 궁괘의 효에는 지지를 붙인다고 했다. 예를 들면 건乾괘는 아래부터 위로 자子·인寅·진辰·오午·신辛·술戌의 지지가 붙여진다. 그러므로 건괘의 6효는 아래로부터 차례로 자수子水, 인목寅木, 진토辰土, 오화午火, 신금辛金, 술토戌土가 된다. 즉 건괘의 6개 효에는 오행이 모두 갖춰있다. 그런데 건乾괘의 1세괘인 구姤괘는 축토丑土, 해수亥水, 유금酉金, 오화午火, 신금辛金, 술토戌土가 된다. 이렇게 보면 구姤괘의 효에는 오행 가운데 토, 수, 금, 화는 있으나 목은 없다. 그런데 부족한 오행 목木은 본궁괘인 건괘의 6효 오행 가운데 숨어있다고 보는 것이다. 즉 구姤괘의 부족한 오행 木은 乾괘의 2효인 寅木에 숨어있는 것이다. 이때 乾괘의 2효인 寅木은 비신飛神, 姤괘의 지지오행 木은 복신伏神이라고 부른다. 비신은 오행이 드러나 있고, 복신은 오행이 드러나지 않고 숨어있다는 의미다.

이처럼 경방의 괘변에 의한 64괘 중에는 팔궁괘와 건궁乾宮의 대유大有괘, 감궁坎宮의 절節괘 등 20개 괘는 육친을 모두 갖추고 있으나 나머지 40여 괘는 1내지 2개의 육친이 결여돼 있다.

그러므로 점괘를 뽑아 오행의 상생 상극관계를 따져서 길흉을 판단하기 위해서는 숨어있는 오행(비신의 오행)을 찾는 것이 필요하다.

점괘의 해석에서 비신은 이미 드러난 일을 나타내고, 복신은 아직 드러나지 않은 일로 추정한다.

5) 동動·변효變爻와 나아가고(진進)·물러남(퇴退)

시초를 헤아려 처음 얻은 괘를 정괘正卦 또는 본괘本卦라고 한다. 그런데 한 괘를 얻는 과정에서 초효부터 상효까지 효를 구할 때마다 각 효는 소양 7, 노양 9, 소음 8, 노양 6으로 구분된다. 이 때 음양의 근본 성질상 양효는 강건하여 움직여 나가므로 양수陽數는 7에서 9로 발전한다고 보아서 7을 소양이라 하고 9를 노양이라고 한다. 또 음효의 성질은 유순하여 후퇴하는 것이므로 음수陰數는 8에서 6으로 후퇴한다고 여겨 8을 소음, 6을 노음이라고 한다.

즉 처음 괘를 얻었을 때 양효로서 9의 수를 얻은 효는 동효動爻이므로 곧 소음으로 변화하게 되고, 음효로서 6의 수를 얻은 효는 노음으로서 바로 변화하여 소양으로 변화하게 된다. 예를 들어 괘를 구하여 초효부터 7, 7, 9, 8, 8, 6의 수를 얻었다면 본괘의 상괘 3개 효는 음이고 하괘 3개 효는 양이므로 지천태地天泰(䷊)괘가 된다. 그런데 하괘의 3번째 효인 9는 노양의 수이므로 곧 변화하여 소음이 되고 상괘의 상효 6은 노음의 수이므로 변하여 소양이 된다. 따라서 상괘는 간艮(☶)괘, 하괘는 태兌(☱)괘로 바뀌고, 상괘와 하괘를 겹친 중괘는 산택손山澤損(䷨)괘로 변화한다.

본괘인 태괘가 변하여 된 손괘는 변괘變卦 또는 지괘之卦라고 부른다. 그리고 이때 본괘에서 노양과 노음으로 변화하는 효를 동효라고 하며, 동효가 변하여 변괘를 이루면서 소양과 소음이 된 효를 변효라고 부른다.

태泰(정괘 土궁)	손損(변괘 土궁)
孫 酉 6 -- X	官 寅 —
才 亥 8 --	子 --
兄 丑 8 --	戌 --
兄 辰 9 — 0	兄 丑 --
官 寅 7 —	卯 —
才 子 7 —	巳 —

그런데 이때 본괘에서 동動한 3효는 육친 오행상 진토辰土 형제가 변하여 축토丑土 형제가 됐으며, 상효 유금酉金 자손子孫은 인목寅木 관귀官鬼로 변화했다. 여기서 지지地支오행의 변화가 자축인묘진사오미신유술해로 나아가는 정상적인 순서로 변화한 것을 진신進神이라고 하며, 후퇴한 것을 퇴신退神이라고 부른다. 즉 3효는 진토에서 축토로, 상효는 유금酉金에서 인목寅木으로 각각 후퇴했으므로 퇴신이라고 칭한다.

괘의 길흉을 판단할 때 효가 동하여 변효가 되는 것은 일의 긴밀한 연속성이 있음을 의미한다. 즉 동효와 변효 사이에는 원인과 결과 또는 시작과 끝이라는 관계가 발생한다. 그러므로 동효가 변하여 변효가 될 경우는 변효가 동효에 어떤 영향을 주는 가를 살필 필요가 있다.

예를 들어 寅木인 효가 동하여 子水로 변했다면 변효인 자수子水는 동효인 인목寅木을 상생相生하는 역할을 한다. 오행 상생상극원리로 볼 때 水는 木을 낳아주는 역할을 하기 때문이다. 이럴 경우 본괘의 동효인 인목寅木이 그 괘의 주효였다면 변효의 도움을 받기 때문에 길조가 될 것이다. 반대로 인목寅木의 효가 동하여 신금辛金 효로 변했다면 변효인 금金이 동효인 목木을 상극相剋하므로 동효는 힘을 잃게 될 것이고, 흉하다는 판단이 가능하다.

6) 육친과 중심효(주사효主事爻)

육친이란 나를 기준으로 나를 낳아준 부모, 나의 형제, 내가 낳은 자녀, 나를 제재하는 관귀官鬼(과거에는 주로 관공서에서 백성에게 제재를 가했으므로 '관官'이라고 함, 귀신鬼神은 사람에게 불리한 영향을 주거나 심신을 제약한다고 생각해 '귀鬼'라고 함), 내가 통제를 할 수 있는 '처재妻財'(과거에 아내와 재물은 내가 소유하고 통제를 가할 수 있다고 보아서 부인과 재물 등을 처재라고 일컬음) 등 여섯 가지를 말한다.

경방역에서 육친관계는 팔궁을 기준 오행으로 삼고 소속된 괘의 효위에 붙인 지지의 오행과 상극관계를 따져서 육친을 정한다. 예컨대 건乾괘는 금궁金宮이므로 金을 기준으로 하여, 초효 자수子水는 금金이 생하는 것으로 자손子孫이 되고, 2효 인목寅木은 금金이 이겨 소유할 수 있으므로 '처재妻財'가 되며, 3효 진토辰土는 금金을 낳아주는 것이므로 부모가 되고, 4효인 오화午火는 금金을 이겨 제약하는 상대이므로 관귀官鬼라 하고, 5효 신금辛金은 금金과 동류이므로 형제가 되며, 상효 술토戌土는 금金을 낳아주는 것이므로 부모가 된다.

경방역에서 육친효는 점괘를 해석하는 데 있어서 매우 중요하다.

왜냐하면 점을 하는 내용이 어떤 육친에 해당하는지를 구분할 수 있기 때문이다. 다시 말해 우주만물을 유사한 부류로 구분하지 않고 통째로 길흉을 판단하기는 사실상 어려운 일이다. 따라서 우주만물을 육친으로 구분하여 점하고자 하는 일을 해당 육친에 배당하고, 이 육친을 중심으로 괘의 오행과 각 효의 오행간의 상생상극관계를 고려하여 길흉을 결정할 수 있다는 말이다.

이때 점하고자 하는 일에 해당되는 육친효六親爻를 용효用爻, 용신효用神爻 또는 주사효主事爻라고 한다. 그러므로 점하는 목적이 어떤 것인가에 따라 용신用神에 적용되는 육친六親이 달라진다. 육친에 따른 용신의 적용법은 다음과 같다.

- **부모효父母爻**: 부모와 관련된 점을 할 때, 조부모, 백·숙부, 고모, 이모의 점, 대개 부모의 자리나 혹은 내 부모와 같은 또래의 친척과 스승, 처부모, 유모, 의부모, 삼부팔모[91], 종이 주인의 점을 칠 때는 모두 부모효가 용신이다. 또 날씨, 담장, 집, 배, 차, 의복, 우산, 주단, 전화艶貨, 상소문, 문서, 문장, 서관, 계약문 등도 부모효가 용신이다. 이 밖에도 많은 분류가 있으며, 내 몸을 보호하는 일체의 것이 해당된다.
- **관귀효官鬼爻**: 공명, 관공서, 천둥번개, 귀신에 관한 점, 부인이 남편을 점할 때는 모두 관귀효로 용신을 삼는다. 또 난신과 도적, 악령도 관귀효가 용신이다. 내 몸을 구속하는 모든 것이 해당된다.

---

91) 삼부三父는 상례喪禮 때 입는 상복 규정인 복제服制에서 아버지와 구별되는 세 계부로 함께 사는 계부, 함께 살지 않는 계부, 친모가 후살이 간 데 따라가서 섬기는 계부를 말함, 팔모八母 역시 복제에서 구별이 있는 여덟 어머니로 적모嫡母, 계모繼母, 양모養母, 자모慈母, 가모嫁母, 출모黜母, 서모庶母, 유모乳母를 이른다.

- **형제효**兄弟爻 : 형제자매, 친족형제, 고모와 이모의 형제자매, 매부, 결의 형제는 형제효가 용신이다.
- **처재효**妻財爻 : 처첩, 종, 심부름꾼 등 대개 내가 부리는 사람은 처재효로 용신을 삼는다. 재물, 보물, 금은, 창고, 돈과 곡식, 기물 등도 재효가 용신이다.
- **자손효**子孫爻 : 자손, 사위, 조카, 제자 등 내 자손 뻘 되는 것은 모두 자손효가 용신이 된다. 충신, 장군, 의사, 의약품, 병졸 등과 가축류 또한 자손효가 용신이다.[92]

그리고 용신효를 낳아주거나 도움이 되는 효를 원신原神, 용신효를 이겨서 제재를 가하는 효를 기신忌神, 기신을 돕는 효를 구신仇神이라고 한다. 용신, 원신, 기신, 구신의 구분은 점괘를 해석하는 데 있어 오행의 상생상극을 통한 길흉판단에 매우 필요한 일이다.

왜냐하면 용신을 도와주는 원신이 있으면 용신이 힘을 얻게 되지만, 반대로 용신의 힘을 빼는 기신이 있고 또 기신을 돕는 구신까지 있다면 용신은 힘을 잃어 아주 불길한 상황에 처하기 때문이다.

---

92) 야학노인野鶴老人, 『증산복역증산卜易』, 中國戲劇出版社, 2007, 36~37쪽. "父母爻 =占父母 則以卦中之父母爻爲用神 祖父母伯叔姑姨父母 凡在我父母之上 或與我父母同輩之親及師長 妻父母 乳母 拜認之父母 三父八母 或僕占主人 皆以父母爻爲用神 占天地 城池 牆垣 宅舍 屋宇 舟車 衣服 雨具 綢緞 布匹 氈貨 及章奏 文書 文章 書館 文契亦以父母爲用神 物類亦多 在人通變 一切庇護我身者是也, 官鬼爻 = 占功名 官府 雷霆 鬼神 妻占夫 皆以官鬼爻爲用神 占亂臣 盜賊 邪祟 亦以官鬼爻爲用神 物類亦多 一切拘束我身者是也, 兄弟爻 - 占兄弟姐妹 族中兄弟 姑姨妹 姐丈 妹夫及結拜弟兄 皆以兄爻爲用神, 妻財爻 - 占妻妾 婢僕 下役 凡我驅使之人 皆以財爻爲用神 占貨財 珠寶 金銀倉庫 錢粮 一切使用之財物 什物器皿 亦以財爻爲用神, 子孫爻 - 占子孫 占女 女婿 侄甥 門徒 凡在我子孫輩中 皆以子孫爲用神 占忠臣 郎將 醫人 醫藥 僧道 兵卒 皆以子孫爲用神 占六畜禽鳥 亦以子孫爲用神".

7) 월령月令과 일진日辰

(1) 월령

월령은 점을 치는 달의 오행의 기운을 담당하는 12달의 간지를 말한다. 월령은 월건月建이라고도 한다. 즉 태음태양력의 월별 지지는 1월 인寅, 2월 묘卯, 3월 진辰, 4월 사巳, 5월 오午, 6월 미未, 7월 신申, 8월 유酉, 9월 술戌, 10월 해亥, 11월 자子, 12월은 축丑이 된다. 그리고 월별 지지에 천간을 붙이면 월건月建이 되는 것이다. 예를 들면 인寅월에 천간 갑甲이 붙으면 갑인甲寅월, 묘卯월에 천간 을乙이 붙으면 을묘乙卯월, 진辰월에 천간 병丙이 붙으면 병진丙辰월이 되는 것이다.

월령에서 오행의 기세를 잡는 것은 지지의 오행이다. 예컨대 병진월에는 진토辰土, 갑오월에는 오화午火가 사령하는 것이다.

참고로 태세太歲는 해마다 돌아오는 60갑자의 간지를 말한다. 예컨대 갑자甲子년, 을축乙丑년, 병인丙寅년, 정묘丁卯년, 무진戊辰년과 같이 그해의 간지를 태세라고 부른다.

또 매일 매일의 간지를 일진日辰이라고 한다. 예를 들어 갑자甲子일, 을축乙丑일, 병인丙寅일, 정묘丁卯일 등과 같이 그날의 간지를 일진이라고 한다. 보통 우리가 '오늘 일진이 좋다'고 할 때는 그날의 간지를 말하는 것이다.

또 매시간도 간지로 구분하는데, 이것을 시진時辰이라고 한다. 태음태양력에서 하루는 12시진으로 구분한다. 그리고 하루는 오전 0시를 전후한 2시간, 즉 밤 11시부터 새벽 1시 사이 2시간은 자子, 1-3시는 축丑, 3-5시는 인寅, 5-7시는 묘卯, 7-9시는 진辰, 9-11시는 사巳, 11-오후 1시는 오午, 1-3시는 미未, 3-5시는 신申, 5-7시는 유酉, 7-9시는 술戌, 9-11시는 해亥시가 된다. 이 시간별 지지에 천간을 붙인 것이 시진이다.

우주만물의 변화는 음과 양의 기운이 쇠하고 왕성함에 따른다. 추위와 더위, 건조함과 습함 등이 절기와 계절에 따라 다르다. 계절에 따라 오행의 기운이 번성하고 쇠퇴하는 것을 말한다. 12달은 달마다 각각 다른 오행의 기운이 기세를 잡는다. 이것을 '사령司令'한다고 말한다.

월별로 기세를 잡는 오행은 아래와 같다.

　　인寅월(정월)은 입춘에서 시작되며 인목의 기운이 사령한다.
　　묘卯월(2월)은 경칩에서 시작하며 묘목의 기운이 사령한다.
　　진辰월(3월)은 청명에서 시작하며 진토의 기운이 사령한다.
　　사巳월(4월)은 입하에서 시작하며 사화의 기운이 사령한다.
　　오午월(5월)은 망종에서 시작하며 오화의 기운이 사령한다.
　　미未월(6월)은 소서에서 시작하며 미토의 기운이 사령한다.
　　신申월(7월)은 입추에서 시작하며 신금의 기운이 사령한다.
　　유酉월(8월)은 백로에서 시작하며 유금의 기운이 사령한다.
　　술戌월(9월)은 한로에서 시작하며 술토의 기운이 사령한다
　　해亥월(10월)은 입동에서 시작하며 해수의 기운이 사령한다.
　　자子월(11월)은 대설에서 시작하며 자수의 기운이 사령한다.
　　축丑월(12월)은 소한에서 시작하며 축토의 기운이 사령한다.

1년 12월을 전체적으로 보면 인묘寅卯월은 목木의 기운, 사오巳午월은 화火의 기운, 신유申酉월은 금金의 기운, 해자亥子월은 수水의 기

운, 진술축미辰戌丑未월은 토土의 기운이 기세를 잡는다고 본다.

(2) 일진

일진은 점치는 날의 간지를 말한다. 하지만 일진에서 기세를 잡는 것은 지지의 오행이다. 예를 들어 갑甲子일에 점을 친다면 일진은 甲子가 되지만 기세를 잡은 오행은 자수子水가 되는 것이다. 병인丙寅일에 점을 한다면 일진은 병인이지만 사령하는 오행은 인목寅木이 된다.

8) 왕旺·상相·휴休·수囚·사死

오행은 각각 힘을 얻는 계절과 힘을 잃는 계절이 다르다.

목木을 예로 들면 목에 해당되는 인寅·묘卯월에는 목의 기운이 가장 강하다. 이것을 '왕旺'이라고 한다.

해亥·자子 수水월은 목의 기운을 생하여 도와주게 되므로 '상相'이 된다.

목은 불을 낳아 도와주므로 기운이 빠져(설기泄氣) 쇠해지므로 巳·午 火월은 '휴休'가 된다.

목이 극하는 토월에는 목의 기운이 갇혀서 기운이 약해지므로 '수囚'라고 한다.

목은 금에 극을 당하므로 목의 기운이 끊어지게 되므로 신申·유酉 금金월에는 '사死'가 된다.

경방역점에서 오행의 왕·상·휴·수·사는 아주 중요하다. 용신이 되는 오행이 왕성하거나 도움을 받는 상태이면 점의 내용이 길하고, 힘을 잃거나 장애가 있으면 흉하게 되기 때문이다.

9) 공망空亡

10개의 천간과 12개의 지지를 차례대로 짝을 지워 나가면 61번째 가서 다시 처음으로 돌아오게 된다. 즉 천간 갑甲과 지지 자子를 짝 지운 갑자에서부터 시작해 60번째 가서 천간 계癸와 지지 해亥가 짝을 이룬 계해癸亥로 60갑자가 마무리 되고, 다시 갑자甲子부터 시작한다. 이렇게 천간 10개와 지지 12개를 짝지은 한 사이클을 '60甲子'라고 한다.

이때 10천간을 1순(순은 10일을 말함)으로 하기 때문에 60갑자는 모두 6순으로 이루어진다. 그런데 간지와 지지를 차례로 짝지울 때 각 순별로 지지 2개는 천간이 모자라 짝을 만나지 못하게 된다. 이렇게 각 순에서 천간의 짝을 만나지 못한 지지를 공망空亡이라고 한다.

공망이란 말에서 공은 '천간이 비어있다'는 의미고, 망은 '비어서 없다'는 뜻이다.

〈표 28〉 6순 공망표

	갑	을	병	정	무	기	경	신	임	계	공망
1순	갑자	을축	병인	정묘	무진	기사	경오	신미	신신	계유	술해
2순	갑술	을해	병자	정축	무인	기묘	경진	신사	임오	계미	신유
3순	갑신	을유	병술	정해	무자	기축	경인	신묘	임진	계사	오미
4순	갑오	을미	병신	정유	무술	기해	경자	신축	임인	계묘	진사
5순	갑진	을사	병오	정미	무신	기유	경술	신해	임자	계축	인묘
6순	갑인	을묘	병진	정사	무오	기미	경신	신유	임술	계해	자축

경방역점에서 공망은 일진을 중심으로 살핀다. 예를 들어 1순인 갑자·을축·병인·정묘·무진·기사·경오·신미·임신·계유일 중 어

느 한 날에 점을 칠 때 점괘의 6개 효 가운데 술戌이나 해亥의 지지가 들어있다면 이것을 '공망된 것'이라고 한다. 왜냐하면 1순의 일진 중에는 지지 술戌과 해亥가 천간을 얻지 못했기 때문이다.

공망은 비어서 없는 것이므로 '작용하지 못함', '실속 없이 껍데기만 있음', '속이 모두 부서졌음' 등의 의미로 해석한다.

공망에는 진공眞空과 비공非空이 있다. 진공은 공망된 지지의 오행이 월령이나 일진의 오행에 의해 휴休 혹은 수囚의 상태에 놓여 공망을 벗어나도 힘을 잃어 쓸 수 없는 경우를 말한다.

비공은 일진이나 월령에서 힘을 얻어 공망을 벗어나면 쓸 수 있는 경우를 말한다.

2. 경방역점의 길흉판단

1) 용신 정하기

경방역점에서 길흉판단은 앞서 설명한 준비과정을 거친 다음 점을 치고자하는 일이 어떤 육친효에 해당하는 지를 정해야 한다. 즉 용신을 찾는 일이다. 예를 들어 자기 자신의 점을 친다면 세효가 용신이 된다. 부모의 점을 친다면 부모효, 재물에 관한 점은 재효, 나를 구속하고 관할하는 일에 관한 점은 관귀효, 형제·친구 등에 관한 것은 형제효, 자손에 관한 것은 자손효가 용신이 된다.

용신의 분류를 예시하면 다음과 같다.

세효　자신의 문제
부모효　조부모, 부모, 스승, 백부, 사장, 숙부, 친인척, 사회의 부모급 연장자, 주인, 자신이 사는 집, 건물, 자동차, 선박, 비행기, 의류, 호신용 무기, 비옷, 우산, 책, 장부, 편지, 문서, 증서, 인장
관귀효　공명점, 관공서, 근무처, 나를 지배하는 감독관, 남편, 우레, 번개, 귀신, 도적, 반역자, 근심되는 일, 질병, 흉기 등
형제효　형제, 자매, 매제, 처남, 동료, 친구, 경쟁자 등
처재효　처첩, 처제, 제수, 형수, 노복, 물가, 재물, 금은 보물, 창고, 양곡, 습득물, 천시점에서 청명여부, 상품, 식모 등
자손효　자녀, 손자, 조카, 사위, 문하생, 비속, 부하, 고용인, 의약품, 금수 가축, 소지품, 근심 걱정이 있을 때 길흉 여부점 등

2) 용신과 관련 오행의 생극관계로 길흉을 판단한다

용신을 정한 다음에는 이 용신을 중심으로 월령, 일진, 원신, 기신, 구신, 동효, 변효 등의 오행과 상생상극 관계, 그리고 용신효의 공망여부 등을 종합적으로 세밀하게 따져서 길흉을 판단한다.

경방역점의 길흉판단의 예를 들어본다.

① 예를 들어 형이 위독한 아우의 병이 어찌될까를 묻는 점을 친다고 하자. 점을 친 날의 월건과 일진은 진辰월 병신丙申일이고, 점괘는 기제旣濟괘가 혁革괘로 변했다.

기제괘의 팔궁 소속은 감坎괘궁의 3세괘이다. 감궁의 오행은 수水가 되고, 3세괘이므로 아래로부터 3번째 효가 세효世爻가 된다. 효에

붙이는 지지는 내괘와 외괘를 구분하여 각각 어느 궁의 괘인가를 살펴서 해당되는 괘의 지지를 붙인다. 그렇게 하면 아래 괘는 이離괘이므로 초효부터 차례로 묘卯·축丑·해亥가 되고, 위의 괘는 감坎괘이므로 감궁의 지지인 신申·술戌·자子가 된다.

다음은 기제괘 소속궁의 오행 水를 기준으로 하여 괘의 초효부터 차례로 생극관계를 따져 육친을 정하면 초효는 자손효, 2효는 관귀효, 3효는 형제효, 4효는 부모효, 5효는 관귀효, 상효는 형제효가 된다.

그런데 여기에는 처재효가 나타나지 않았다. 즉 처재효가 복신이 된 것이다.

이 점에서 재물효를 중점으로 볼 일은 없으나 소속 궁괘의 어느 효에 복신됐나를 찾아보자. 감궁괘에서 재물은 오화午火가 된다. 그런데 오화는 본궁괘인 감괘의 3효가 오화午火가 된다. 즉 이 괘에서 재효는 본궁괘 3효 밑에 숨어있다고 보는 것이다.

그리고 이 괘에서는 4효 신금辛金효가 동하여 형제 해수亥水효로 변하여 기제旣濟괘가 택화혁澤火革괘가 됐다.

또 공망여부를 살펴보면 일진 병신丙申일을 기준으로 보면 병신은 4순에 속하여 진辰과 사巳가 공망인데, 이 괘의 여섯 효 중에는 진토辰土와 사화巳火가 없다. 그러므로 공망은 해당이 없는 것이다.

이렇게 길흉판단을 위한 준비를 마치고 본격 길흉판단 과정으로 들어가보자. 먼저 용신은 형제의 일을 점치는 것이므로 형제효가 된다.

기제괘(감궁 수)	혁괘(감궁)
형제 자수 -- 응효	--
관귀 술토 —	—
부모 신금 --X	—
처재 오화 / 형제 해수 — 세효	— 해수·형제
관귀 축토 --	--
자손 묘목 —	—

따라서 이 괘에서는 해수亥水 형제효가 용신인데, 진월이 극하고 있으나 일진 신금辛金이 생을 하고, 다시 신금효가 동하여 생조하고 있다. 위험에 이르렀지만 구제함을 얻었다. 당일 유酉시에 명의가 나타나 구제하여 살아났고 해亥일에 완쾌됐다.[93]

다시 말하면 용신인 해수亥水가 월건 진토辰土의 극을 받아 힘을 얻지 못한 것이다. 그러나 일진 신申금과 동효의 도움을 받아 쇠한 상황을 반전시켜 왕상한 힘을 가지게 되었다.

② 다음은 묘卯월 계해癸亥일에 가족의 평안을 묻는 점을 쳐서 수需괘가 변하여 건乾괘가 되는 점괘를 얻었다.

---

93) 왕홍서王洪緖, 『복서정종卜筮正宗』, 中國 華齡出版社, 2007, 263쪽. "辰月丙申日 占弟病業已臨危 得旣濟之革卦 - 斷日 此卦亥水兄弟爲用神 辰月剋之 申日生之 又得申金動爻生之 臨危有救 果于本日酉時得名醫救治 亥日痊愈".

需괘(곤궁 토)				乾괘(건궁)		
처재	자수	--X		형제	술토	—
형제	술토	—				—
자손	신금	--X	세효	부모	오화	—
형제	진토	—				—
관귀	인목	—				—
처재	자수	—	응효			—

수需괘의 소속 팔궁은 곤坤궁이다. 곤궁의 오행은 토土가 된다.

수괘는 위에는 감坎(☵)괘, 아래는 건乾(☰)괘로 구성됐다. 따라서 효 위에 붙는 지지는 아래 3개 효에는 자子·인寅·진辰이 되고, 위에 3개 효에는 신申·술戌·자子가 붙는다. 본궁의 오행 토를 기준으로 각 효위의 오행과 상생상극관계를 따져 육친을 정해보자. 초효는 처재, 2효는 관귀, 3효는 형제, 4효는 자손, 5효는 형제, 상효는 처재효가 된다.

그런데 4효와 상효가 동하여 변효가 되니, 변괘는 건乾괘가 된다.

수괘는 유혼괘이므로 4효가 세효가 되고, 응효는 초효가 된다.

계해일은 6순에 속하므로 자子·축丑이 공망이다. 이 괘에서는 초효와 상효가 자수子水로 공망에 해당한다.

이 점에서 용신은 자신의 가족문제이므로 세효가 용신이 되고, 부모에 관한 것은 부모효, 자손에 관한 것은 자손효, 형제에 관한 것은 형제효를 참고 용신으로 봐야 한다.

따라서 세효는 신금申金 자손효가 된다. 그런데 세효는 동하여 오화午火로 변하였다. 그리고 변한 오화午火는 본래의 세효인 申金을 도리어 상극을 한다. 이것을 '회두극回頭剋'이라고 하는데 매우 불길한 징조다. 곧 자신과 자손이 모두 극을 받고 있다. 또 子水 처재妻財효가 술토戌土로 변하여 회두극을 하고 있다. 처재효는 처첩과 노복이 된다.

따라서 한 집 안이 극을 받는 괘다. 후에 오월이 되어 왕성한 화火가 세효 금金을 극하고, 토土를 도우니 토가 처재를 나타내는 수水를 극하고, 처재는 다시 월건인 화火에 의해 힘을 빼앗기게 돼 한 가족이 모두 사망했다.[94]

③ 재물을 구하는 점을 예로 보자. 사巳월 무술戊戌일에 점하여 익益괘를 얻었다.

益괘(巽궁 목)			
형제	묘목	─	응효
자손	사화	─	
처재	미토	--	
처재	진토	--	세효 공망
형제	인목	--	
부모	자수	─	

익괘는 손巽궁의 3세괘이다. 본궁 오행은 木이다. 효에 붙는 지지는 내괘가 진震(☳)괘이므로 자子·인寅·진辰이 되며, 외괘는 손巽(☴)괘이므로 未·巳·卯가 된다.

본궁 오행인 木과 효위에 붙인 지지오행의 관계를 살펴 육친을 정

---

94) 왕흥서, 앞의 책, 266쪽. "卯月癸亥日 占家宅人口平安否 得需之乾卦 - 斷日 申金子孫持世 午火化回頭之剋 乃自身及子孫皆受剋也 子孫財爻化戌土回頭之剋 財爲妻妾奴僕 一家受剋之卦 後至午月火旺剋世 助土剋財 財逢月破 家數口被回祿 俱死".

하면, 초효는 부모, 2효는 형제, 3효는 처재, 4효는 처재, 5효는 자손, 상효는 형제가 된다. 3세 괘이므로 세효는 3효가 되고, 응효는 상효가 된다.

무술戊戌은 4순에 속하므로 진사辰巳가 공망된다. 이 괘는 동효가 없어 변괘도 없다.

이 점은 재물에 관한 점이므로 용신은 진토辰土 처재효로 세효를 겸하고 있다. 그런데 공망이 된다. 공망은 일이 성사되지 않는 것이 일반적이다. 그러나 공망된 오행은 다른 오행으로부터 충沖을 받으면 공망을 벗어난다고 본다. 따라서 진토辰土가 술戌일에 진과 술이 서로 충돌하여 공망에서 벗어났다. 그리하여 점친 당일에 원하는 재물을 얻었다.95)

④ 고시에 합격 여부를 묻는 점의 예를 보자. 신申월 을사乙巳일에 점을 쳐서 택풍대과澤風大過괘가 화풍정火風鼎으로 변하는 괘를 얻었다.

대과괘(진궁, 목)	정괘(이궁, 화)
처재 미 -- X	자손 사 ―
관귀 유 ― X	처재 미 --
부모 해 ― 세 午(복신) 자손	유 ―
관귀 유 ―	―
부모 해 ―	―
처재 축 -- 응	--

---

95) 왕홍서, 앞의 책, 284~285쪽. "巳月戊戌日占求財 得益卦 – 斷日 辰土財爻持世 因値旬空 戌日沖之 謂之沖空則起 本日卽得 果驗 應本日者 戌日亦是財星沖我也 此沖空有用是也".

본괘의 5효와 상효가 동하여 상괘 태(☱)괘가 이(☲)괘로 변했다. 따라서 택풍대과괘가 화풍정괘로 바뀐 것이다.

그런데 대과괘는 진궁에 속하므로 괘의 오행은 목이다. 효의 지지는 아래로부터 축, 해, 유, 해, 유, 미가 된다. 괘의 오행 목을 기준으로 효의 육친을 정하면 아래로부터 처재, 부모, 관귀, 부모, 관귀, 처재가 된다. 변효의 육친은 5효는 처재, 상효는 자손이 된다.

대과괘는 유혼괘이므로 세효는 4효가 되고 응효는 초효가 된다.

내가 시험에서 합격할 것인가를 묻는 점이므로 용신은 세효와 부모효가 된다. 세효는 나를 말하고, 부모효는 문서나 시험과 관련한 일 등을 나타내기 때문이다.

따라서 이 점에서는 세효와 부모효가 왕성하고 월건과 일진, 동효의 도움을 받아야만 좋은 결과를 기대할 수 있는 것이다.

이 괘에서는 亥水가 세효와 부모를 겸하고 있는데, 해수는 월건 신금의 생조를 받아 기세가 왕성하다. 다만 일진 사화가 세효 해수(巳와 亥는 서로 충극함)를 충돌하여 불리하긴 하나 상효 미토가 동하여 유금을 생조하고, 유금은 세효 해수를 돕는다. 전체적으로 오행의 생극관계에서 세효와 문서를 나타내는 부모효가 왕성한 것이다.

시험결과는 일등으로 합격했다.[96]

---

96) 야학노인, 앞의 책, 266~267쪽.

3. 경방역점의 객관성

　괘를 뽑아 길흉을 판단하는 주역점법에는 지금까지 소개한 바와 같이 전통주역점과 경방역점의 두 가지로 대별된다. 그런데 이 두 가지 점법은 길흉 판단방법에서 서로 차이가 있다.

　전통주역점은 괘효사에 의지하여 길흉을 판단한다. 괘효사는 괘상과 효상이 상징하는 바를 말로 표현한 것이어서 그 상징하는 함의를 올바로 해석하기가 쉽지 않은 것은 물론 해석의 여지도 넓다. 따라서 길흉을 판단함에 있어서 임의성이 개입할 여지도 크다고 할 수 있다.

　하지만 괘효사는 성현의 말씀이라는 권위가 실린 것이고, 상황에 맞는 합리성과 고도의 윤리성을 담보한 판단이라고 평가된다. 그래서 전통주역점은 지도자 또는 재덕을 겸비한 인격자들이 사용하는 것이었다. 『주역』 괘효사에는 군자君子나 대인大人이라는 말이 자주 언급되고 있음이 이를 대변한다. 예를 들어 건乾괘 구삼 효사는 "군자가 종일토록 힘쓰며 저녁에도 뉘우치면 위태로우나 허물이 없으리라."[97]라고 하고, 혁革괘 구5 효사는 "대인大人이 표범이 변하듯 함이니, 점치지 않고도 믿음이 있다."[98]라고 한다. 『주역전의』 「역설강령」에는 "대체로 역은 군자를 위하여 만든 것이요, 소인과 도적들이 절취해서 쓸 수 있는 것이 아니다."[99]라고 한다.

　이에 비해 경방역점은 간지오행의 생극관계로 점괘의 길흉을 판단

---

97) 『易經』 乾 九三爻辭, "君子終日乾乾 夕惕若 厲 无咎".
98) 『易經』 革 九五爻辭, "大人 虎變 未占 有孚".
99) 『周易傳義』 「易說綱領」, "大率是爲君子設 非小人盜賊所得截取而用".

하는 근거로 삼는다. 경방역점을 읽는데 있어 주요한 요소인 간지는 시간의 변화 즉 역법曆法을 표현하는 부호다. 역법은 1년 사시의 변화를 천문의 관찰과 기록을 통해 계산한 천도 변화의 법칙이기도 하다. 이 때문에 역수曆數는 계량적이고 과학적이라고 할 수 있다.[100]

따라서 경방역점의 길흉 판단 기준이 되는 간지오행이 나름대로 객관성을 갖고 있다고 할 수 있다. 길흉 판단 기준이 객관성이 있다는 말은 점괘를 판단하는 과정에서 점치는 사람의 임의성이 개입될 여지가 적다는 말도 된다.

경방역점의 다른 특성은 점치는 법이 대중화 내지 일반화됐다는 것이다. 먼저 점치는 내용이 구체적이며 개인 중심으로 바뀌었다. 예를 들어 점을 치는 사람은 점칠 내용을 구체적으로 정해 괘효상에서 해당하는 용신효用神爻를 찾아야한다. 용신효는 육친六親 중에서 가리는 것이기 때문에 점칠 내용은 당연히 육친의 범주로 나누어지는 것이다. 이에 비해 전통주역점에서 '좋은가 나쁜가', '해도 되는가 해서는 안되는가' 식의 2분법보다는 구체화된 것이다.

또 점칠 내용이 육친의 범주로 나누어진 뒤에도 보다 상세하게 구분된다. 부모가 용신이 되는 경우에 포함되는 점칠 내용도 조부모, 큰 아버지, 삼촌, 고모, 부모, 처부모, 유모 등 부모의 위치에 해당하는 사람들과 하늘과 땅에 관한 것, 담장, 집, 의복 등 나를 보호하

---

[100] 중국 학자 廖名春 등이 쓴 『주역철학사』에서는 한대 상수역학의 발전 원인 가운데 하나로 자연과학의 발전을 꼽고 있다. 당시에는 천문학과 曆法學이 발전하였으며, 太初曆을 만든 사마천 등은 지구가 태양의 주위를 운동하는 시간을 비교적 정확하게 계산하여 135개월을 日食의 주기로 추산했다. 劉歆은 『주역』 「계사전」의 數理로 태초력을 해석하여 체계적인 역학 이론을 만들었다. 한대 역의 괘기설·납갑설·효진설 등은 모두 당시의 천문역법학의 영향을 받아 과학적 성분을 어느 정도 담고 있었다고 밝히고 있다.

는 것들, 문서文書, 문장文章, 도서관圖書館 등 다양하다.101) 나머지 다른 육친이 용신이 되는 경우의 점칠 내용들도 이와 같이 매우 폭이 넓고 구체적이다.

경방역점법은 이처럼 길흉을 판단하는 방법에서 자연법칙인 역수를 근거로 함으로써 객관화되고, 또 점치는 내용도 구체적이고 일반인들의 일상사로 전환되는 등 대중화 내지 일반화한 특성을 드러내고 있다.

---

101) 육친별 용신에 관한 내용은 야학노인野鶴老人, 앞의 책, 36~38쪽 참고.

참고문헌

곽신환, 『주역의 이해』, 서광사, 2003.
김석진, 『주역점해』, 대유학당, 2006.
김수길, 윤상철 공역, 『주역입문 2』, 대유학당, 2007.
김수길, 윤상철 공역, 『천문유초』, 대유학당, 2001.
김진희, 『역학의 근원적 이해』, 보고사, 2010.
박재주, 『주역의 생성논리와 과정철학』, 청계, 2001.
이상익, 『역사철학과 역학사상』, 성균관대학교 출판부, 1996.
한동석, 『우주변화의 원리』, 행림출판사, 1993.
고회민 저, 숭실대동양철학연구실 역, 『중국고대역학사』, 숭실대출판부, 1994.
김석진 역, 『주역전의대전역해』, 대유학당, 2003.
료명춘 등 저, 심경호 역, 『주역철학사』, 예문서문, 2004.
성백효 역주, 『주역전의』, 전통문화연구회, 2004.
소길 저, 김수길 윤상철 공역, 『오행대의』, 대유학당, 2008.
양계초 풍우란 등 저, 김홍경 편역, 『음양오행설의 연구』, 신지서원, 1993.
이은성, 『역법의 원리분석』, 정음사, 1985.
주백곤 외 저, 김학권 역, 『주역산책』, 예문서원, 2008.
주춘재 저, 김남일 등 역, 『의역동원 역경』, 청홍, 2003.
주희 저, 김상섭 해설, 『역학계몽』, 예문서원, 1999.
풍우 저, 김갑수 역, 『천인관계론』, 신지서원, 1993.
홍원식 역, 『황제내경』, 전통문화연구회, 2003.
『朱子語類』
『周易傳義大全』

高懷民, 『先秦易學史』, 廣西師範大學出版社, 2007.
郭彧, 『京氏易傳導讀』, 齊魯書社, 2003.
盧央, 『京氏易傳解讀』, 九州出版社, 2004.
龐朴, 『一分爲三論』, 上海古籍出版社, 2009.
常秉義, 『周易與曆法』, 中央編譯出版社, 2009.
梁韋弦, 『漢易卦氣易學研究』, 齊魯書社, 2007.
王謨, 『京房易傳』, 武陵出版有限公司, 2001.
王化平, 『帛書〈易傳〉研究』, 巴蜀書社, 2007.
林忠軍, 『易緯導讀』, 齊魯書社, 2003.
張其成, 『易道探秘』, 中國書店, 2005.
張其成, 『象數易學』, 中國書店, 2003.
張培瑜 等, 『中國古代曆法』, 中國科學技術出版社, 2007.
任俊華, 『易學與儒學』, 中國書店, 2001.
田合祿, 『周易眞原』, 山西科學技術出版社, 2006.
周敦頤, 『周子通書』, 上海古籍出版社, 2008.
朱伯崑, 『易學哲學史』, 昆侖出版社, 2005.
朱伯崑, 『易學基礎教程』, 九州出版社, 2011.
陳鼓應, 『道家易學建構』, 商務印書館, 2010.
陳遵嬀, 『中國天文學史』, 上海人民, 2006.
黃朴民, 『天人合一』, 岳麓書社, 1993.
淸 野鶴老人 著, 韓少淸 注譯, 『增刪卜易』, 中國戲劇出版社, 2007.
淸 王洪緖 著, 韓少淸 注譯, 『卜筮正宗』, 華齡出版社, 2007.

▌김진희

1956년 충북 음성 출생
1975년 충북 음성고 졸
1984년 청주대 행정학과 졸
2006년 공주대 대학원 역리학과 졸
2009년 공주대 대학원 교육학박사(한문교육)
1984년 연합통신(현 연합뉴스) 입사
현재 연합뉴스 논설위원

주역 읽기 첫걸음

2012년 7월 30일 초판 1쇄 펴냄
2018년 1월 5일 초판 2쇄 펴냄

저 자 김진희
발행인 김흥국
발행처 보고사

등록 1990년 12월 13일 제6-0429호
주소 경기도 파주시 회동길 337-15 보고사
전화 031)955-9797(代)
　　　02)922-5120~1(편집), 922-2246(영업)
팩스 02)922-6990
메일 kanapub3@naver.com
http://www.bogosabooks.co.kr

ISBN 978-89-8433-989-7 93140
ⓒ 김진희, 2012

정가 15,000원
사전 동의 없는 무단 전재 및 복제를 금합니다.
잘못 만들어진 책은 바꾸어 드립니다.